진 로 탐 색
아름다운 일

진 로 탐 색
아름다운 일
ariose work

베스컨설팅 지음

좋은땅

인사

행복하시길 빕니다.

하루, 또 하루가 매일 더 행복하시길 빕니다.

행복하다는 말은
뭔가 · 누군가가 모자라 · 없어서 못 살 것 같은 걱정이 없고,
편안한 · 좋은 기분이 쉽게 흔들리지 · 바뀌지 않는다는 말입니다.

무엇을 먹을지 · 입을지, 어떻게 하면 · 살면 좋을지,
두려워 · 걱정해야 하는 일 잘 없으시길 빕니다.

어제보다 편안한 · 좋은 기분이 드는 일,
그 기분 쉽게 흔들리지 · 바뀌지 않는 일 더 많으시길 빕니다.

행복하시길 빕니다.

삶이 더 행복하시길 빕니다.

산다는 말은 움직인다는 말입니다.
움직일 때마다 행복하시길 빕니다.

움직임은 마음·머리·몸으로 드러납니다.
태도·생각·행동을 갖출 때마다 행복하시길 빕니다.

움직임은 방향·시간·거리로 나타납니다.
방향을 두고, 시간을 아끼며, 거리를 아는 움직임
더 많으시길 빕니다.

행복하시길 빕니다.

일이 더 행복하시길 빕니다.

산다, 움직인다는 말은 일한다는 말입니다.

누군가 걱정을 공감하는 일,
걱정해야 할 일의 순서·해소 방법을 아는 일,
편안한·좋은 기분을 주는 사람·사물·사실·사리(事理)를 아끼는
태도·생각·행동들이 쉬워·많아·즐거워지는 일
더 많으시길 빕니다.

걱정을 줄이는 가장 작은 일에 성공하며,
경제·사회·인간적 성장에 필요한 보답이 따르는 일
더 많으시길 빕니다.

베스 드림

주요 내용

목차

진로

행복	14
진로	18
산다	20
움직인다	21
결핍	22
방향	24
거리	26
시간	28
마음 · 머리 · 몸	30
일한다	31
타인의 결핍	32
특별한 역할	33
책임	34
아리오스 · ARIOSE	36
아름답다	37
사랑한다	38

선택

선택한다	42
자기 선택	44
비교한다	46
선택지	47
가치	48
기준	49
창의적	50
전략적	51
일의 가치 · 매력	52
활동 · Activity	54
과제 분석	56
보답 · Reward	58
투입 · Input	60
산출 · Output	62
만족 · Satisfaction	64
환경 · Environment	66

방법과

진로 탐색	70
진로 탐택	72
정보 탐색	74
산출물 1. 선택지	76
산출물 2. 기준	78
창직 · 창업	80
산업 탐택	81
(진로 탐택 1~5단계)	
직무 탐택	94
(진로 탐택 6~10단계)	
생애 진로 탐택	114
(유 · 초 · 중 · 고 · 대 · 취 · 창)	

응용

성찰 · 일기	142
공부 · 학업	144
자기주도학습	146
견학 · 체험	148
질문 · 인터뷰	150
가치체계	152
취업준비	156
자기소개	160
포트폴리오	164
자기개발	166
리더십	168
비교과 활동	170
교양	172
믿음	176
취업상담	180
취업 지원 시스템	182
보상과 혜택	184
정의(正義)	188
선물	190
요약	192

진로

행복

결핍이 없으면 행복합니다.
결핍 해소를 걱정하지 않아도 됩니다.
필요한 · 빼앗길 · 불안할 · 두려울 것이 없습니다.
결핍이 늘어나는 일 잘 없으시길 빕니다.

결핍을 잘 알면 행복합니다.
결핍을 함께 · 자주 · 많이 · 오래 겪을수록
갈등이 작아지고 이해가 커집니다.
결핍 해소는 관심 · 공감에서 시작됩니다.
결핍을 바라보는 시선 더 많으시길 빕니다.

결핍을 해소하면 행복합니다.
결핍을 느껴야 · 해소해야 하는 삶은 슬프지만,
결핍 해소와 함께 오는 위로는 행복이 됩니다.
결핍의 슬픔을 아는 만큼 행복해질 수 있습니다.
슬픔이 행복으로 바뀌는 일 더 많으시길 빕니다.

결핍 해소에 보답·성장이 따르면 행복합니다.
결핍 해소의 '가치 × 기대 = 동기'가 커집니다.[1]
결핍을 제때, 더 오래·즐겁게 해소할 수 있습니다.
보답·성장이 기대되는 일 더 많으시길 빕니다.

결핍 해소에 먼저 마음을 쓰면 행복합니다.
결핍이 아닌 욕구·욕망 충족은 그다음입니다.
결핍을 키우는 욕구·욕망 충족은 그 그다음입니다.
순서·질·양이 바뀌면 사는 데 힘이 더 많이 듭니다.
결핍 먼저 해소하는 일 더 많으시길 빕니다.

결핍을 많이 해소하면 행복합니다.
결핍 해소 경험·빈도가 늘어나면
결핍 해소 확률·효율·효과·역량이 커집니다.
결핍 해소 기회 창출, 역할 유지·확대가 쉬워집니다.
결핍 해소 먼저 제안하는 일 더 많으시길 빕니다.

---

1) 기대가치이론, 앳킨슨(Atkinson)

누군가 함께 결핍을 해소하면 행복합니다.
결핍은 자연의 불가역적 에너지 현상입니다.
결핍의 책임은 발생보다 해소에 더 많습니다.
혼자 해소할 수 있는 결핍은 아주 작습니다.
화·탓 없이 서로 돕는 분 더 많으시길 빕니다.

희생 없이 결핍을 해소하면 행복합니다.
결핍이 올 때는 혼자여도 갈 때는 아닙니다.
다른 때·데·이에(게) 결핍을 뿌리면서
소중한 것들을 시간 속으로 데려갑니다.
아낌없이 아끼고 아껴 주는 일 더 많으시길 빕니다.

결핍 환경을 개선하면 행복합니다.
결핍이 얽힌 부분과 전체의 관계를 이용하면
결핍을 한 다발·한 아름씩 해소하며,
슬픔·행복을 더 많이 나눌 수 있습니다.
결핍에서 몇 걸음 물러나 보는 일 더 많으시길 빕니다.

결핍이 커·많아질수록,
삶·행복이 더 복잡해·어려워·힘들어집니다.
결핍을 의도적으로 증가시킨다는 말은
누군가 못살게 군다는 말입니다.
결핍을 잘 알아채는, 민감하게 다루는,
키우기보다 줄이는 일 더 많으시길 빕니다.

진로

진로(進路)라는 말은 나아가는 길이라는 말입니다.
  사물·사람의 다음 이동 방향,
  개인의 성장 과정·단계 (진학·입직·승진·이직·창업…),
  공동체의 향후 운영·전략·경영 방향,
  우리의 인생 여정, 삶의 방향 등을 가리키는 말입니다.

  어떻게 살면·뭐가 되면·뭘 하면·어디로 가면 좋을까 등의
  속뜻이 있습니다.

진로라는 말은 선택을 부르는 말입니다.
  선택한다는 말은 둘 이상의 선택지 중 하나를 고른다는 말입니다.
  고른다는 말은 비교한다는 말입니다.

진로를 선택한다는 말은 둘 이상의 삶을 비교한다는 말입니다.
그중 더 행복한 삶의 기회를 갖는다, 나에게 준다는 말입니다.

진로는 우리 자신에게 주는, 시간을 주고 사는, 가장 값비싼
슈퍼 울트라 초 메가 고관여 선물[2]입니다.
  1. 선물(膳物, gift) : 인사·정·마음을 담아 건네는 물건
  2. 선물(先物, futures): 미래에 받을 물건에 대한 거래·투자

정의 · 定義 · definition을 내린다는 말은
뭔 · 누군가의 이름이 늘 같은 뜻으로 고유하게 쓰이도록 한다,
어떤 단어나 사물의 뜻을 명백하게 밝혀 규정한다는 말입니다.
   대화하는 데, 서로 이해하는 데 시간이 오래 걸릴 때가 있습니다.
   끝장 토론을 해도 결론이 안 날 때가 있습니다.
   다른 뜻인데 같은 말, 같은 뜻인데 다른 말이 오고 갑니다.
   우리는 말로 생각합니다.
   말이 같아야 뜻이 모이고, 노력이 쌓이고, 열매가 풍성합니다.

같은 말을 일부러 다르게 정의할 때도 있습니다. 특별한 목적으로.
보편적인 뜻과 아주 다르지는 않지만, 그 뜻을 더 넓게 또는 좁게,
관념적으로 또는 경험적으로 표현할 때가 있습니다.
   정의에는 목적에 따라 보편적 정의와 전문적 정의,
         방식에 따라 개념적 정의, 조작적 정의 등이 있습니다.

예를 들어 일 · work에는 이런 정의가 있습니다.
  1. 생산적인 목적을 위해 몸이나 정신을 쓰는 활동 (국어사전)
  2. 힘이 가해진 방향으로 움직인 거리와 그 힘을 곱한 값 (물리)
  3. 직업, 생계유지 활동, 돈벌이, 노동, 근무, 계약… (경제 · 경영)
  4. 타인의 특정 결핍 해소에 대한 특별한 역할과 책임 (이 책)

산다는 말은

진로라는 말은 넓은 의미로 삶의 선택을 가리키는 말입니다.
삶은 살아가는 동안의 경험 · 의미 · 모습 · 형편 등을 가리킵니다.

산다는 말은 움직인다는 말입니다.
삶은 움직이는 동안의 경험 · 의미 · 모습 · 형편 등을 가리킵니다.
  살아 있는 것은 모두 움직입니다.
    움직임이 없으면, 죽었다 · 죽은 것 같다고 합니다.
    옴짝달싹할 수 없으면, 죽겠다 · 숨 막힌다 · 못 살겠다 ·
    사는 게 사는 게 아니다 · 이게 사는 거냐…고 합니다.

  정말 못 살 것 같을 땐, 정말 살 것 같은 쪽으로 움직여야 합니다.
    우리가 못 움직이게 손발 다 고정하는 못을 결핍이라고 합니다.
    이 못을 뽑고 상처를 치유하지 않으면 우리는 정말 못 삽니다.
    슬퍼 · 아파 · 목말라 · 힘 빠지기 전에 마음 · 머리 · 몸을 움직여
    결핍 증가 원인을 찾고 · 등지고 · 줄여야 합니다.
    결핍 해소 방향으로 태도 · 생각 · 행동을 일으켜야 합니다.

진로를 선택한다는 말은
사람들이 살아 움직이는 동안 겪은 경험, 가치를 느낀 의미,
움직인 모습, 결핍을 해소한 형편들을 비교하고 하나씩 골라
정말 (잘) 살 것 같은 삶의 경 · 의 · 모 · 형을 만든다는 말입니다.

움직인다는 말은

산다는 말은 움직인다는 말입니다.
　움직인다는 말속에는 방향·거리·시간이 있습니다.
　　방향·거리·시간 중 으뜸은 방향입니다.
　　방향이 없으면 아무리 속력을 높여도 속도가 0입니다.
　　어딜 가도 도착하기가, 무얼 해도 성공하기가 어렵습니다.

　움직인다는 말은 결핍을 해소한다는 말입니다.
　　움직인다는 말은 에너지를 쓴다는 말입니다.
　　　에너지를 써서 생활·성장의 결핍을 해소한다,
　　　에너지를 써서 생기는 에너지 결핍을 해소한다는 말입니다.
　　　결핍 해소라는 말은 이것이 움직임의 방향이라는 말입니다.

삶에도 방향·거리·시간이 있습니다.
　방향은 목적, 거리는 목표, 시간은 책임과 결이 같습니다.
　산다는 말은 결핍이 해소되는 방향으로
　　　　뭔·누군가와의 거리를 0으로 만들며
　　　　그 시간을 책임진다는 말입니다.

진로 선택이란 말은 결핍과 해소 방식,
　　　　가까워지고 싶은 뭔·누군가,
　　　　책임의 모양·질·양을 선택한다는 말입니다.

결핍이라는 말은

결핍이라는 말은
뭔·누군가가 자주·자주독립적으로 움직이지 못해서
존재를 인정받지·존재하지 못할 정도로 심각하게,
다른 뭔·누군가가 모자란다·없다, 애탄다, 목 멘다는 말입니다.
삶·움직임에 필수적인 뭔·누군가가 모자란다·없다는 말입니다.
   결핍은 욕구·욕망·욕심 등과 결이 다릅니다.
   결핍인 욕구망심, 결핍이 아닌 욕구망심이 있다는 말입니다.
   결핍이 아닌 욕구망심을 내버려두면 결핍이 되기도 합니다.

결핍은 우리가 움직이는 거의 모든 방향입니다.
   에너지 없는 움직임·무한 에너지는 없습니다.
   결핍이 없는, 결핍을 안 느끼는 삶도 없습니다.
   결핍을 매는 삶, 결핍에 매이는 삶만 있습니다.
   결핍은 우리가 움직이는 모든 방향 뒤에 있습니다.
   우리는 결핍을 등(에) 지고 삽니다.

결핍을 잘 고르면 행복합니다.
   결핍은 행복을 키우는 땅 같습니다.
   결핍이 크면·넓으면 그만큼 행복을 키우기가 더 힘듭니다.
   결핍을 모를 때보다 알 때 행복을 키우기가 더 쉽습니다.
   결핍이 커지기 전에 갈아엎고 물을 댈수록 더 쉬워집니다.

결핍은

자연재해 같습니다.
항상 현재 진행형 크레셴도입니다.

개인뿐 아니라 공동체 전체에도
삶과 행복에 파괴적인 영향을 줍니다.
필연적으로 결핍 해소 노력을 유발합니다.

개인적인, 단편적인 노력단으로는 잘 해소되지 않습니다.
결핍 해소 비용·자원·상품·시스템·정책을 요구합니다.

인류 진화, 문화 진보의 열쇠 같습니다.
삼라만상이 사라질 때까지 마르지 않는 우물 같습니다.

수요·시장·고객과 바꿔 쓸 수 있는 말입니다.
마케팅 커뮤니케이션의 핵심 주제가 됩니다.
모든 욕구·욕망·욕심이 즐겨 쓰는 가면 같습니다.

황금알을 낳는 거위 같기도 합니다.
의도적으로 만들 필요도 없고. 그래서도 안 됩니다.

방향이라는 말은

방향이라는 말은 목적과 결이 같은 말입니다.
  방향·목적은 왜·이유·뜻·의미 등과 결이 같습니다.
  뭘·얼마나·언제까지·어떻게 등의 목표와는 결이 다릅니다.

  목표는 방향을 드러내고 가리키는 표지판입니다.
        뭔·누군가가 그렇게 돼야·해야 하는 이유를 못 품니다.
        스스로 해(解)가·답이 되지 못합니다.
  목적은 그렇게 돼야·해야 하는 이유를 풀어 줍니다. 해가 됩니다.

  목적이 해라면 목표는 달과 같습니다.
    해는 스스로 에너지를 만들고, 달은 그 빛을 반사해 줍니다.
    앞이 캄캄한 밤에도 달빛을 보면 해를 떠올릴 수 있습니다.

    달은 햇빛을 반사하기도 하지만, 가리기도 합니다.
    세상을 어둡게 하거나, 자기 모습마저 잃을 때가 있습니다.

    달에는 도착 지점을 정할 수 있고, 안주하게 될 때도 생깁니다.
    해에는 도착 지점을 만들 수 없습니다. 발 디딜 데가 없습니다.

  목표에는 끝이 있고, 목적에는 끝이 없습니다. 경험만 존재합니다.
  목적은 몰입을 더 잘 키웁니다. 목적에서 광자가 나옵니다.

의도라는 말이 있습니다. 뜻(意)을 그린 그림(圖)입니다.
목적을 그린 목표라는 말겁니다. 심상(心象) 같은 식입니다.

목적은 실재하는 사실이지만 안 보입니다.
   눈에서 멀어지면 마음에서도 멀어집니다.
   목적이 잘 보이게, 실감 나게, 목표를 그려서 높이 세우면,
   목적을 이해 · 공감 · 공유 · 기억 · 따라 · 조절하기 쉬워집니다.

   목표는 보이져(Voyager) 같은, 목적이란 우주의 탐사선 같습니다.
   목표가 있으면 목적이 잘 보이고, 목적이 잘 보이면
   더 멋진 · 새로운 · 그다음 목표가 잘 만들어집니다.

사람이 움직일 때는 목적과 목표가 둘 다 필요합니다.
   목표는 정신이 없을 때, 반응적(reactive)일 때 더 유용합니다.
     예를 들어 어디 맞을지를 알면 막거나 피할 수가 있지만
     어디 맞을지를 모르면 막거나 피하기가 어렵습니다.

   목적은 정신을 차릴 때, 주도적(proactive)일 때 더 유익합니다.
     때리는 목적을 알면 설득할 수도, 납득할 수도 있지만
     때리는 목적을 모르면 납득할 수도, 설득할 수도 없습니다.

목적 · 목표를 모두 가지던, 위험을 막 · 피하기가 더 쉬워집니다.

거리라는 말은

거리라는 말은 목표와 결이 같은 말입니다.
　목표 달성률은 골인 선까지 달린 거리의 백분율입니다.

걸어서 하늘까지 간다면, 하늘을 목표로 삼아도 좋지만
여기서 하늘까지 거리 0 만들기를 목표로 삼으면 더 좋습니다.

목표가 하늘뿐일 때는 모로 가도 하늘만 가면 목표가 달성됩니다.
　비행기·열기구를 타도 되고, 위성에 매인 밧줄을 타도 됩니다.
　보이는·닥치는 대로, 뒤 없이·미친 듯이 달릴 수도 있습니다.

목표가 거리 0일 땐, 목적지가 같아도 목표치가 다를 수 있습니다.
　지금 서 있는 곳·시작점·현재 상태에 따라 거리가 달라집니다.
　시간·위험·비용·가치·의미 등이 함께 달라집니다.
　거리가 변하면 시간 속으로 사라지는 것에 대한 책임도 변합니다.
　물리적 거리도 그렇고, 마음의 거리도 그렇습니다.

거리는 사이·차이·격차·문제·필요·결핍이라고도 하고,
방법·과정·이해·지식·비용·계획·과제·노력이라고도 합니다.

거리를 모르는 목표는 너무 멉니다. 별이 아스라이 멀듯이.
낯설지 않은, 친해질 것 같은 거리에 있는 목표가 더 좋습니다.

하늘만 바라봐도 괜찮을 때가 가끔 있습니다.
　하늘에 여러 번 가 봤을 때, 목표가 편할·뻔할 때,
　지금은 모르지만 실제 거리가 가깝고 안전할 때, 딱 한 번 갈 때,
　모든 걸 걸어도 좋을 만큼 하늘이 좋을 때는 그럴 수도 있습니다.

하늘만 바라보면 위험할 때는 자주 있습니다.
　잃을 것도 지킬 것도 없다·달리 갈 곳이 없다고 느껴질 때,
　하늘에 처음 갈 때, 가야 할 거리²(street & distance)를 모를 때,
　경쟁·성공·반복·재현이 필요할 때, 책임이 있을 때 등입니다.

더 확실한·가까운·빠른·바른, 다른 길을 뒤늦게 발견하면
가던 길이 더 힘들어·넘어져·다쳐·아파질 수가 있습니다.
누굴 외면해야 하는 건지 몰랐는데 어쩔 수가 없게 되거나,
누굴 밟아야 되는 건지 몰랐는데 멈출 수가 없게 되거나,
다시 돌아갈 힘이 안 나는 데까지 가게 될 수가 있습니다.
사랑이 변할 수도, 사람이 달라질 수도 있습니다.

하늘·목적지·도착점·끝점·최종 목표·표적은 어디 안 갑니다.
뚫어지게 바라봐도 웜홀 안 생기고, 양자가 얽히지도 않습니다.
일단 어디가 마음에 들었다면 출발하기 전에 거리를 꼭 보시고,
위험·기회·책임 먼저 확인·각오하는 일 더 많으시길 빕니다.

시간이라는 말은

시간이라는 말은 책임과 바꿔 쓸 수 있는 말입니다.

우리 에너지는 딱 한 번 새하얗게 불타오르고,
빛의 속도로 · 기억 속으로 사라집니다.
두 번 타지 않습니다.

애 · 에너지를 크게 · 길게 · 오래 · 많이 태우면
재 · 책임, 그리움 · 결핍도 커지고 길어집니다.

아무 일도 아닌 듯 뛰고 웃고 떠들며 손뼉 칠 때도 있지만
사실 아무 일도 아닌 일이 없습니다. 대부분 힘 빠지는 일입니다.

힘들지 않은 일, 저절로 힘 나는 일, 없습니다.
이왕 빠지는 힘을 더 많은 밥벌이에 쓰고
따뜻했던 밥 그리며 새 밥 지어 먹는 일도,
스스로 힘을 내는 일이라고 말하기 어렵습니다.
에너지 생성보다 전환에 더 가깝습니다.

우리 안에는 에너지원이 없습니다.
　　　　　에너지를 만드는 기능도 없고,
　　　　　에너지를 태우는 기능만 있습니다.
　　　　　에너지를 저장하는 기능은 약합니다.

에너지는 우리 바깥에 있습니다.
우리가 힘이 날 때는 다른 데서 에너지를 받을 때뿐입니다.
   다른 분이 입혀·먹여·재워·웃어·손잡아·말 걸어 줄 때,
   누군가에게 관심·공감·공유받는 뭔가가 있을 때
   우리 안에서 에너지가 차오릅니다.

우리가 스스로 힘을 내는 일할 때는 밥통이지만,
다른 데 힘을 쓰는 일할 때는 솜씨가 있습니다.
   우리는 우리 자신을 위해 힘쓸 때 효율이 낮습니다.
   결핍·체중 말고 다른 뭔가를 남기는 건 힘들고 잘 안 됩니다.

   남을 위해 에너지를 쓸 때는 효율이 더 높습니다.
   다른 분들에게 힘을 주며 에너지 준위를 낮췄다가
   그분들의 보답을 받아 다시 에너지 준위를 높였다가 할 때
   우리는 눈이 부셔지게 밝은 빛을 더 많이 낼 수 있습니다.

다른 사람에게 힘을 주는 일이
우리 자신·에너지·시간을 책임지는 일입니다.
   타인의 결핍 해소에 깜빡깜빡할망정,
      결핍을 유발·혹대·강화시키는 일은
   사회적 책임까지 짊어지는 일이 됩니다.

마음 · 머리 · 몸

우리가 세상에서 가장 마음대로 움직일 수 있는 건,
그래도 되는 건, 우리의 마음 · 머리 · 몸뿐입니다.
  사실, 우리 마음 · 머리 · 몸(3M)을 먼저 움직이지 않고
  움직일 수 있는 사람 · 달라지는 사실은 거의 없습니다.
    뭔가 바뀌기를 바라는 일이 있을 때는
    3M의 성향 · 기능 · 용량을 확인하고, 어떻게 쓸지 계획하며,
    필요하다면 그 힘의 크기 · 역량을 키워야 합니다.

마음 · 머리 · 몸을 움직이는 게 너무 힘들고 아팠었다면,
아마도 그건 경험 때문이었을 거라 말할 수 있습니다.
  1. 배경　　　　/ 시작 · 출발점 상태, 조건, 사정, 맥락, 필요성
　　　　　　　　　　(문제, 원인, 결핍, 느낌, 감정, 능력, 고민…)
  2. 목적　　　　/ 방향, 지향, 이유, 의미, 가치
  3. 최종 목표　 / 목적지, 끝 · 도착점, 이상적인 상태, 비전, 골
  4. 과정 목표　 / 거리, 시간, 속도, 방법, 가능성, 전략, 과제, 계획
    4.1. 역할과 책임
    4.2. 진행 순서 · 단계 · 과정 · 결과, 기대(보상 · 즐거움)
    4.3. 관계 · 환경 요소, 재미, 개선 방법
    4.4. 장애물 · 위험, 회피 · 극복 방법
    4.5. 효과 · 효율, 확인 · 신뢰 방법 등에 대한
  경험의 질 · 양이 늘었다 · 는다면 이제는 더 덜 아플 · 힘들 겁니다.

일한다는 말은

일한다는 말은 결핍을 해소한다는 말입니다.

    뭔·누군가의 결핍 해소를 위해   / 방향, why
    뭔·누군가의 힘·에너지를 얼마큼 들여   / 시간, how
    뭔·누군가의 위치·상태를 여기서 저기까지 / 거리, what
    이동·변화시킨다는 말입니다.

일은 결핍에서 시작되고, 결핍이 해소될 때 끝납니다.
    등 배겨, 목말라, 바고파, 좀 쑤셔, 졸려… / 본능[1],   보답[2]
    추워, 더워, 답답해, 불안해, 무서워…   / 안전,   환경
    외로워, 보고·듣고·느끼고 싶어…   / 상호 작용, 투입
    부러워, 창피해, 섭섭해, 억울해, 분해… / 존중,   산출
    심심해, 따분해, 맛없어, 불편해, 궁금해… / 자아실현, 활동
    고마워, 걱정돼, 딱해, 슬퍼, 아파, 미안해… / 자기 확장, 만족
    못 살 것 같을 때 일이 시작되고,
    이제는 살 만하다 싶을 때 일이 끝납니다.

일한다는 말은 결핍을 느낀다, 마음이 머리로 몸을 움직인다,
결핍을 해소한다, 행복을 느낀다, 산다는 말입니다.

[1] 욕구위계이론, 매슬로(Maslow)   [2] 일의 매력 포인트, ariose

타인의 결핍

일한다는 말은 타인의 결핍을 해소한다는 말입니다.

   처음에 일은 우리 자신의 결핍 해소 활동이었습니다.　　/자급자족
   볍씨 털어 밥 짓고, 소를 잡아 고기 구웠습니다.
   그런데 혼자 해소할 수 있는 결핍이 아주 작았습니다.

   그래서 일은 타인과의 결핍해소 교환활동이 됐습니다.　　/물물교환
   쌀을 아껴 고기 얻고, 고기 남겨 쌀 구했습니다.
   그런데 서로 다른 결핍해소 활동끼리 등가교환이 힘들었습니다.

   그래서 일은 타인과의 결핍해소 거래활동이 됐습니다.　　/화폐교환
   밥 먹지만 떡을 찌고, 고기 먹지만 소 팝니다.
   우리 결핍과 무관하게 시장 경쟁력이 있는 걸 만들고 팝니다.

   우리 결핍은 우리가 해소하는 타인의 결핍만큼 해소됩니다.
    타인의 결핍이 잘 해소되면 우리 결핍도 잘 해소되고,
    타인의 결핍이 잘 해소되지 않으면
    우리 결핍도 잘 해소되지 않습니다.

일한다는 말은 타인의 결핍을 느낀다, 마음이 머리로 몸을 움직인다,
살린다, 결핍을 해소한다, 행복을 느낀다, 산다는 말입니다.

특별한 역할

일한다는 말은 타인의 결핍 해소에서
        특별한 역할을 한다는 말입니다.

일이란 말은 타인과의 결핍 해소 거래 활동이라는 말입니다.
  거래한다는 말은 경쟁한다는 말입니다.
  경쟁한다는 말은 "이왕이면 다홍치마"라는 말입니다.
    같은 값이면 더 빨리 · 많이 · 다양하게 · 쉽게 · 흥미 있게
    더 어려운 · 중요한 · 많은 · 시급한 결핍을 해소해야 한다,
    남 · 전보다 더 그래야 한다, 특별해야 한다는 말입니다.
    그래서 "최초 · 최고 · 최대 · 최다"가 강조되기도 합니다.

경쟁한다는 말은 전문성이 필요하다는 말입니다.
  에너지는, 자원 · 시간 · 화폐나 손님 등은, 유한합니다.
  유한하다는 말은 아껴야 한다는 말입니다.
  어떤 에너지를 어디/누구에게 · 언제 · 어떻게 쓸지
  더 잘 선택해야, 최적화해야, 알뜰하게 써야 한다,
  같은 에너지로 타인의 결핍을 더 잘 해소해야 한다는 말입니다.

일한다는 말은 누구와 무엇으로, 우리 마음 · 머리 · 몸의 힘을,
        어디에, 누구를 위해, 언제 · 어떻게 · 얼마나 쓸지
            잘 골라 · 달리 쓴다 또는 아낀다는 말입니다.

책임

일한다는 말은 타인의 결핍 해소에서
        특별한 역할에 책임을 진다는 말입니다.

거래한다는 말은 약속한다는 말입니다.
  거래는 보통 선불입니다. 후불은 잘 없습니다.
  음식점에서 먹고 마실 때를 빼면 없다시피 합니다.
  거래하는 순간에 바로 결핍이 해소되는 일도 흔치 않습니다.
    약을 사도 며칠간 먹어 보고 발라 봐야,
    시식을 해도 포장지 뜯어 요리해 봐야
    약속받고 믿은 만큼 결핍이 해소되는지 알 수 있습니다.

  미팅·채용을 해도 당장은 이 이가 그이인지 알기 어렵습니다.
    쉬운·어려운, 해·안 해 본, 기쁜·슬픈 일 함께 해봐야
    이분이 우리가 찾던 그분인지 알 수 있습니다.

  취직을 해도 금방은 여기가 거기인지 알기 어렵습니다.
    출근해·교육받아·일해·회의해·월급날 계좌 열어 봐야,
    성과평가·고충상담·연봉재계약·전환배치·승진해 봐야
    여기가 우리가 찾던 그 자리인지 알 수 있습니다.

약속한다는 말은 책임진다, 믿는다는 말입니다.

취업한다는 말은 누군가의 결핍 해소에
전문적인 역할과 책임을 맡는다는 말입니다.

   취직한다는 말은 누군가의 결핍 해소에
   부분적인 역할과 책임을 맡는다는 말입니다.

   창업한다는 말은 누군가의 결핍 해소에
   총체적인 역할과 책임을 맡는다는 말입니다.

산다는 말은
움직인다, 결핍을 해소한다, 일한다, 살린다는 말입니다.

일이라는 말은, 진로라는 갈도,
타인의 결핍 해소를 위해 맡는 특별한 역할과 책임이라는 말입니다.

일·진로를 선택한다는 말은
누구의, 무슨 결핍을, 어떻게 해소하는데,
무슨 역할을 맡아, 어떻게 책임지면 좋을지를 선택한다는 말입니다.

아리오스 · ARIOSE

일은 environment,　　이해 · 영향을 주고받는 사람 · 환경,
　　　satisfying needs, 결핍 해소에 대한 필요 · 만족의 느낌,
　　　input,　　　　　곱치고 싶은 뭔 · 누군가와 그 힘,
　　　activity process, 이상적인 활동 · 순서 · 과정,
　　　output,　　　　 input 활동과 작용의 결과물 · 영향,
　　　reward,　　　　이 모든 과정에 대한 보답으로 작동됩니다.

일은 어떤 환경에서, 무슨 역할을 맡아, 어떻게 책임지며,　／ how
　　누구의, 무슨 결핍을, 어떻게 해소하기 위해,　　　　／ why
　　뭔 · 누군가와 함께, 어떤 활동으로, 무엇을 만들어서,　／ what
　　어떤 보답을 받아 산다 · 성장한다는 말입니다.　　　／ so what

진로를 선택한다는 말은 e. 환경 속 역할과 책임,
　　　　　　　　　　　s. 만족 대상 · 결핍 · 해소 방식,
　　　　　　　　　　　i. 투입,　a. 활동,　o. 산출,
　　　　　　　　　　　r. 보답을 선택한다는 말입니다.

ariose라는 말은 선율이 아름답다는 영어, 형용사입니다.
　이탈리아어 arioso에서 유래된 말입니다.
　　공기가 잘 통한다, 숨쉬기 좋다, 자유롭다는 뜻도 있습니다.
　　바흐가 작곡한 칸타타 서곡도 있습니다. (BWV 156, Adagio)

아름답다는 말은

아름답다는 말은 우와! 하게 우아하다는 말입니다.
감탄·감동·흥분·동경하게 된다는 말입니다.
매력적이라는 말입니다.

매력적이라는 말은 끌린다는 말입니다.
마음·머리·몸을 갖추지 못하고,
태도·생각·행동을 빼앗긴다는 말입니다.

우리가 살기 힘들 때, 움직이지 못할 때, 힘이 모자랄 때
우리 결핍을 해소시켜 주신 분들이 많았습니다.
들을 빼앗겨 본, 허리가 잘린 채 겨우 살아나
맨몸으로 총·칼을 물리쳐 본 우리는 압니다.
그분들께 매력·아름다움을 느낍니다.
본 적도 들어 본 적도 없는, 완벽한 타인일수록 더 그렇습니다.

이웃에도 긍정적인 영향을 주며,
누군가의 결핍 해소를 위해
좋아하는 사람·사물·사실·사리(事理)들과 즐거운 마음으로,
힘을 곱치는 데 몰입해서,
자신(自身·自新·自信) 있는 결과를 만들고
그 보답으로 계속 성장하며 사는 일은 아름답습니다.

사랑한다는 말은

결핍을 해소한다는 말은 사랑한다는 말입니다.

   누군가의 결핍에 관심이 가고
   그 결핍에 공감이 되고
   그 결핍된 삶을 인정하고 공유한다는 말은

   누군가의 결핍 해소에
   특별한 역할을 느끼고
   책임을 자처하며
   그분이 바라는 방식으로 움직인다,
   그분의 결핍 해소가 자신의 결핍 해소가 된다는 말은

   그분을 사랑한다는 말입니다.

사랑하는 일을 찾고, 하고, 만들고, 주는 일 더 많으시길 빕니다.

   결핍을 해소한다, 일한다, 움직인다, 산다는 말은
   사랑한다는 말입니다.

   결핍을 해소하면, 일하면, 움직이면, 살면 행복합니다.
   사랑하는 일을 통해 살아가는 일은 행복합니다.

진로를 선택한다는 말은
누구를 사랑하면 좋을지
어떻게 사랑하면 좋을지를
선택한다는 말입니다.

선택

선택한다는 말은

선택한다는 말은 목표를 선택한다는 말의 줄임말입니다.
둘 이상의 선택지 중 목적에 더 잘 맞는 목표를 고른다는 말입니다.

고른다는 말은 차이가 나는 뭔·누군가를 뽑는다는 말입니다.
그리고 남은 뭔·누군가는 서로 별 차이 없게 만든다는 말입니다.

선택지를 고르려면, 차이가 나는 뭔·누군가를 뽑으려면,
오감을 모두 꺼내, 경험을 만들어, 차이를 비교해야 합니다.

비교가 쉽고, 선택이 뻔하고, 결과를 바로 경험하면 좋습니다.
   비교 시점·뽑는 시점·선택 결과 경험 시점이 서로 가까우면,
   더 빨리·많은·새로운 경험을 통해 배우며 성장할 수 있습니다.

그런데 선택을 빨리하기 어려울 때가 있습니다.
   뽑는 시점·선택 결과 경험 시점 사이를 좁힐 수 없을 때,
   선택지가 너무 많을 때,   선택지 간 차이가 잘 안 보일 때,
   선택지가 모두 낯설 때,   환경·조건이 계속 변할 때,
   선택이 아주 비쌀 때,   교환·환불이 안 될 때가 있습니다.

진로 선택은 빨리하기 어려울 때가 많은 선택입니다. 그리고,
뽑는 시점·선택 결과 경험 시점이 서로 멀수록 좋은 선택입니다.

선택한다는 말은
  1. 둘 이상의 선택 대상을 두고 / 선택지
    예) 100개의 빵을 두고
  2. 각각의 차이를 서로 비교하여 / 비교기준
    예) 맛의 차이를 서로 비교하여 (준거)
  3. 뭔·누군가는 남기고 나머지는 뺀다는 말입니다. / 판단기준
    예) 어떤 맛 빵은 사고, 나머지는 안 산다. (척도)

선택을 시작하려면 먼저 선택지와 기준을 준비해야 합니다.
  상대평가 할 때는 비교기준·준거만 있어도 되지만,
  절대평가 할 때는 판단기준·척도도 필요합니다.

비교기준·준거는 가치관·관점·시각·색/안경·날줄(경사, 經絲),
판단기준·척도는 커튼·인·씨줄(위사, 緯絲) 등과 결이 같습니다.

날줄과 씨줄은 베틀로 짜는 천(그물)의 세로 실과 가로 실입니다.
날줄·세로 실은 뼈가 되고, 씨줄·가로 실은 살이 됩니다.
날줄만으로는 우리가 짜지지 않습니다.
살면서 북에 담긴 씨줄을 촘촘히 잘 먹으면
매력적인 무늬를 지닌,
곱고 튼튼한 무명·삼베·모시·비단이 됩니다.

자기 선택

무슨 일을 하더라도 시간 · 책임이 따라다닙니다.
선택을 하는 일에도, 받는 일에도,
시키는 대로 따라 할 뿐인 일에도 그렇습니다.
  누구의 선택이냐에 따라 책임에 대한 마음이 다르게 움직이고,
  그 차이가 머리 · 몸의 움직임과 결과에 차이를 만듭니다.

자기 선택은 책임을 더 유리하게 만듭니다.
다양한 추천 · 권유 · 제안을 우리 기준에 걸러 들으면 됩니다.
  책임을 기억 · 각오 · 준비하기,
  책임의 아쉬움 · 억울함 덜기,
  책임에 대한 피해의식 · 패배감 지우기,
  나의 성공 이야기 만들기, 들려주기가 더 쉬워집니다.

비(非) 자기 선택은 책임을 더 불리하게 만듭니다.
몰랐어 · 믿었어 · 원래 그렇대 · 다 그런대 하면 그렇게 됩니다.
  책임이 싫어 · 무거워 · 힘들어집니다.
  속은 것 같고, 화 나 · 풀 데가 없어 · 삐뚤어집니다.
  책임은 미루고 손해는 퉁치고 싶어집니다.
  다른 선택 · 기회비용에 대한 미련 떨치기,
  이 선택을 긍정 · 확신 · 추진 · 인내 · 극복하기,
  나의 성공 이야기 만들기 · 들려주기가 더 어려워집니다.

비 자기 선택은 "잘 되면 내 탓, 안 되면 남 탓"에도 더 불리합니다.
결과가 좋을 때는 언제나 선택이,
결과가 안 좋을 때는 늘 우리 노력이 더 주목받기 일쑤입니다.
선택 후에 있었던 우리 피·땀·눈물이 더 덜 인정됩니다.
우리 자신에 대한 기대·신뢰의 천장이 더 얇아집니다.
앞으로 또 있을 다른 선택이 더 어려워·망설여집니다.
역량보다는 외부의 다른 힘에 더 기대고 싶어집니다.

역량은 우리의 마음·머리·몸을 직접 작용시켜
    뭔·누군가의 위치·상태를 변화시킴으로써
    뭔·누군가의 결핍을 해소시키며
    이를 반복·재현·발전시키는 힘입니다.
직능은 우리의 마음·머리·몸을 움직여
    특정 직무 활동을 완벽하게 수행하는 힘입니다.
    (직무 수행 능력의 준말입니다.)
능력은 (직접 발휘하는 힘, 외부에서 빌려오는 힘 구별 없이)
    뭔·누군가의 위치·상태를 변화시키는 힘입니다.

예를 들면, 피겨 스케이팅 입문은 능력,
    클린은 직능,
    포디움은 역량에 비견됩니다.

비교한다는 말은

선택한다, 고른다는 말은 비교한다는 말입니다.
둘 이상의 선택지 간 가치 차이를 비교한다는 말입니다.

가치의 차이를 비교한다는 말은 가치를 안다는 말입니다.
  안다는 말은 들어봤다, (경험)해 봤다,
         기억한다는 말일 때가 있습니다.
         식별할 줄, 사용할 줄, 응용할 줄, 분석할 줄,
         만들 줄, 가르칠 줄 안다는 말일 때도 있습니다.

가치를 비교한다는 말은 가치의 유무 · 크기 · 적합성 등을
              평가 · 판단할 줄 안다는 말입니다.

선택한다, 고른다, 비교한다, 평가 · 판단한다는 말은
선택지에 대해 "마아낳이" 안다 · 알아야 한다는 말입니다.

본 · 들어 본 적도 없는 뭔 · 누군가를 비교 · 평가 · 판단하는 일은
직간접적인 경험 · 힘 · 시간이 많이 요구되는 일입니다.

진로 선택은 메뉴 선택보다 어렵고, 힘들고, 오래 걸립니다.
        날이 새고, 달이 가고, 해가 지고, 앞이 안 보일 때까지
        평생 반복 · 누적되는 선택입니다.

선택지라는 말은

선택을 시작할 때는 선택지와 기준이 필요합니다.

선택지라는 말은 선택 후보 목표라는 말입니다.
가치 · 목적 경험의 차이가 아직 비교되지 않았다는 말입니다.

선택지는, 오른쪽 · 왼쪽처럼, 최소한 두 개는 있어야 합니다.
선택지가, YES or YES처럼, 한 개면 선택지라고 잘 안 합니다.
　예쁘고 귀여움 애교, 솔직하지 않음 유혹, 창피함 청탁,
　부드러움 부탁, 강압적임 강요, 위협적임 폭력이라고 합니다.

선택지가 하나뿐일 때도 으리는 사실 자유로울 수 있습니다.[1]
선택을 선택하거나 선택하지 않는 걸 선택할 수 있습니다.
같은 선택지를 두고도 다른 의미 · 목적을 찾아 누릴 수 있습니다.

선택을 선택할 때, 그때는 선택지가 많을수록 좋습니다.
선택지가 아주 많아도 기준이 있으면 쉽게 선택 가능합니다.

선택지를 먼저 줄여 놓고, "이 중에서 선택해"라는 말은 이상합니다.
선택지를 줄일 때는 이유 · 설명 · 이해 · 자발적 긍정이 필요합니다.

선택지는 자유도입니다. 선택은 자유입니다.

[1] 나이트 · 엘리 위젤, 죽음의 수용소에서 · 빅터 프랭클, 막시밀리안 콜베

가치라는 말은

가치라는 말은 쓸모라는 말입니다.
  값과 쓸모는 결이 조금 다릅니다.

  값·가격은 고객·경쟁사·자사 사정에 따라 변합니다.
    한 번 정해지면 잘 안 변합니다.
    수요에 따라 변하기도 하지만, 주로 공급으로 조절됩니다.
    급 등락하는 일도 있지만 가치만큼은 아닙니다.
    가치보다 값이 싸도, 비싸도 천천히 움직입니다.
      어디선가 누군가에게 언젠가는 필요합니다.
      물가가·재고가 있고, 원가가·책임이 있습니다.
      일단 올리면 내리기가, 내리면 올리기가 힘듭니다.
      할인·쿠폰·사은품, 원가 절감, 질·양 축소가 먼저입니다.
    값에는 가치가 한 발만 담근 느낌입니다.

  쓸모는 쓸 때·데(시간·장소·경우)에 따라 잘 변합니다.
    개똥도 약에 쓰려면 없을 때가 있습니다.
      쓸모가 있을 때는 가치가 올라가고,
      쓸모가 없을 때는 가치가 내려갑니다.
      가장 쓸모 있을 때가 가장 결정적인 가치의 순간입니다.
    쓸모에는 가치가 두 발 다 담근 느낌입니다.

기준이라는 말은

기준이라는 말은 가치·쓸모·쓸데라는 말입니다.
기준은 가치·쓸모·쓸데에 있습니다. 목적·목표를 따라다닙니다.
  예를 들어, 떡볶이는 따끈하고 매콤하며 쫀득·달달한 식감으로
  입과 배를 꽉 채우고 싶은 느낌을 해소하는 데 가치가 있습니다.
  청량·담백·바삭함 등은 떡볶이 평가 기준에 적합하지 않습니다.

  만일 떡볶이가 너무 먼 곳에 있거나,
  너무 좁아서 친구들과 어울리기 힘든 데 있으면,
  위험하고 불친절하고 더러운 데 있으면, 포장이 안 되면,
  너무 비싸거나, 떡이 차·딱딱하거나,
  양념이 뭉쳐 있거나·뜻에 배지 않았거나·국물이 묽거나,
  파·어묵이 적거나, 순대·튀김·김말이 등을 섞을 수 없으면,
  쓸모가 점점 작아져, 목표에서 멀어져, 가치가 낮아집니다.
  거리·공간·안전·친절·위생·포장·가격·온도·질감·양념·
  메뉴 구성 등은 떡볶이 평가 기준에 적합합니다.

기준을 가지려면 가치·쓸고·쓸데를 알아야 합니다.
가치·쓸모·쓸데에 목적·목표가 있을 때 기준이 따라옵니다.
  쓸 데가 없을 때, 못 느낄 때는 쓸모를 묻기가 어렵습니다.
  떡볶이에 목적·목표가 없을 때는 그 기준을 따지기 어렵습니다.
  진로도, 일도 똑같습니다.

창의적이라는 말은

창의적이라는 말은 선택지를 넓힐 · 기준을 바꿀 줄 안다는 말입니다.
  선택지 · 기준이 같으면 결과도 늘 비슷합니다. / 품질관리, 매뉴얼
  빨대에 물이 잘 안 통하게 하거나, 타이어에 물을 넣거나,
  공기에서 물을 짜거나 하는 일은 창의적입니다.[1]

  선택지 확장 · 기준 변화는 마치 임자 없는 섬 차지하기 같습니다.
  내 섬 주변 바다에 오시는 분 모두가 손님 · 이웃 · 친구가 됩니다.
  내 바다가 온통 푸른 바다가 됩니다.[2]

선택지를 넓히는 가장 쉽고 빠른 시작 방법은
맨땅에서 제로부터 시작하는 2차원 검증 방식입니다.[3]
  리미트 n이 무한대로 갈 때 n 가지 선택지와 결과를 모두
  돌다리도 두드리고 꺼진 불도 다시 보며 확인하는 방식입니다.

선택지를 넓히는 또 다른 방법은 선택지를 잘게 나누는 것입니다.
  선택지를 무 썰듯이 조각내면 선택지가 늘어납니다.
    무를 먼저 숭덩숭덩 썰고 나서, 그다음에 깍뚝썰기 합니다.
    목표 세분화라고도 합니다. 선택지는 관점 · 기준으로 씁니다.

1) Life 스트로, Q-드럼, 와카 워터(Warka Water)
2) 미국 네바다주 라스베이거스, 블루오션 (김위찬 · 르네 마보안)
3) 제로베이스 사고 (매킨지식 사고와 기술, 사이토 요시노리)

전략적이라는 말은

전략적이라는 말은 아낀다·알뜰하다는 말입니다.
  목적(결핍 해소) 경험에 필요한 모든 것을 아낀다는 말입니다.
  1. 목적은 같은데 목표·자원·활동이 더 작고 적고 쉽다,
  2. 모든 자원·활동이 한 점 목표에 모여 최대로 곱친다,
  3. 목표·자원·활동이 목적과 상황에 따라 유연하게 조절되어 정타 한다(정확·타당하다, 효과·효율적이다)는 말입니다.

선택은 결핍을 낳습니다.
결핍은 에너지·기회를 더 리고 가면서 또 다른 선택을 남깁니다.
우리 우주에는 에너지가 창조되는 선순환이 없습니다.
에너지를 아껴 쓰는 최선의 악순환만 있습니다.

많은 게 항상 좋지만은 않습니다.
중복되면 남겨지고, 안 쓰이면 버려지고,
오래되면 잊혀지고, 그리워져, 슬퍼집니다.

목표·자원·활동도 그렇습니다.
아끼지 않으면 결핍 천지 됩니다.
안 쉬고·먹고·자면 못 움직입니다.
사회·지구·우주도 아귀 지옥 됩니다.
아낌없이 아끼고 아껴 주는 일 더 많으시길 빕니다.

일의 가치 · 매력

누굴 좋아하는 마음도 늘 한결같기는 어렵습니다.
  a. 외모만 좋아도,
  r. 돈만 잘 벌어도,
  i. 재미있기만 해도,
  o. 재주만 많아도,
  s. 나를 좋아하기만 해도,
  e. 이해심만 많아도 곤란합니다.

좋아하는 일, 잘하는 일, 하고 싶은 일에 대한 마음도 그렇습니다.
한두 가지 매력만으로 행복을 붙잡아 두기는 어렵습니다.
더 많은 매력이 있는 일, 찾을 · 할 · 만들 · 줄 수 있으시길 빕니다.

일에는 6가지 유형의 결핍 해소 가치가 있습니다.[1]
  a. 몰입의 재미: 시간을 빨리 보내서 덜 힘들게 합니다.
  r. 성장의 기대: 스스로 해소할 수 있는 결핍을 늘립니다.
  i. 즐거운 관계: 좋아하는 4사와 더 깊이 상호 작용시킵니다.[2]
  o. 자신의 발견: 자신 있는, 새로운 나를 찾게 합니다.
  s. 보람과 기쁨: 다른 사람들의 결핍 해소에 만족하게 합니다.
  e. 공감과 공유: 서로 이해하며 믿고 의지하게 합니다.

1) ariose, 활동 · 보답 · 투입 · 산출 · 만족 · 환경, p.36
2) 4사: 사물리실람, 사람 · 사물 · 사실 · 사리(事理)

우리가 일에서 느끼는 가치의 크기는 성과와 비례합니다.
성과 문제의 원인에는 6가지가 있습니다.
   a. 몰라서, 그릇이 작아서　　／ 역량(태도·지식·스킬) 결핍
   r. 성장이 없어·느려서　　　／ 외적 동기·보상 결핍
   i. 불편해·안 맞아서　　　　／ 사람·도구·소재·규칙 결핍
   o. 안 될·못 할 것 같아서　／ 목표·평가의 타당성·신뢰성 결핍
   s. 보람이 없어·작아서　　　／ 내적 동기·보상 결핍
   e. 이해·공감이 안 돼서　　／ 가치관·고민·요구·방식 결핍

우리가 가치·매력·아름다움을 느끼는 일을 하면
곁에 있는 분들도 우리에게 매력을 느낍니다.
   a. 일에 전념하신다. 집중력·끈기가 있으시다.
   r. 일을 더 잘하고 싶어 하신다. 일 욕심이 있으시다.
   i. 차이·변화를 잘 이해하신다. 민감하게 반응하신다.
   o. 적극적·주도적·성과 지향적이시다.
   s. 고객 지향적이시다. 일을 왜 하는지 알고 엉뚱한 일 안 하신다.
   e. 긍정적·우호적·자발적·참여적·윤리적이시다.

상대에게만 좋은 거래, 우리에게만 좋은 거래는 불공정합니다.
우리에게 잘 맞는 일은 그 가치·매력이 더 많이 느껴지는 일,
성과가 더 잘 나는 일, 곁에 있는 분들에게도 매력적인 일입니다.

활동 · Activity

활동은 시작과 끝이 있는, 최소한의 의도를 갖는,
　　단순하고 연속적인 동작들의 뭉치입니다.
　　대개 누구나 보고 듣고 천천히 따라 할 수 있습니다.
　　　　질문 · 경청 · 기록 · 요약 · 입력 · 전달,
　　　　들기 · 걷기 · 내리기 · 소개 · 제안 · 설명 · 설득 · 계약 · 납품,
　　　　선구(選球) · 타격 · 주루 · 슬라이딩,
　　　　파지 · 조준 · 경고 · 격발 같은 구분 동작의 묶음 같습니다.

활동이 우리를 미소 짓게도 슬프게도 하는, 애증의 실체입니다.
　　학습 · 연습 · 자기개발 · 연구 · 개선 노력의 실상입니다.
활동은 마음 · 머리 · 몸의 활동으로 구별되고,
　　태도 · 지식 · 스킬의 능력으로 구현됩니다.
　　개성(성향 · 재능)과 짝을 짓기가 쉽습니다.
　　　　개성을 직무 · 직업과 통째로 짝짓는 건 어렵습니다.
　　　　치킨을 발골 않고 한 입에 삼키는 것과 비슷합니다.

작은 활동들이 모여서 한 사람 몫의 큰 일 · 직무가 됩니다.
여러 직무 고리들이 엮여서 하나의 가치 사슬이 됩니다.[1]
비슷한 가치 사슬을 끼리끼리 묶으면 거대한 산업이 됩니다.

1) 가치 사슬(Value Chain), 마이클 포터, [그림 5] (p.102) 참조

우리가 빛나는, 가치를 창출하는, 다른 분들과 차별화되는 순간이
　　　　마음·머리·몸을 움직이는 순간입니다.

이 순간은 수많은 사물·사실·사리·사람들의 힘을
　　　　한 점 목표에 갈뜰히 곱치는 데 몰입하는 시간입니다.

이 시간이 더디게·지루하게·무의미하게 지나가는 일은
　　　　그 일을 잘한다고 해도 마냥 즐겁기 어렵습니다.

　　　　일은, 어려울수록, 일 잘하는 사람들을 따라다닙니다.
　　　　이번 일이 그때처럼 계속 잘 될지,
　　　　처음 그 느낌처럼 재미있을지는 알 수 없습니다.
　　　　칭찬도 몇 번입니다.
　　　　하는 사람도, 듣는 사람도 그렇습니다.
　　　　연장수당이나 저녁식대가 떳떳해도 되는 건지,
　　　　능력 부족은 아닌지 헷갈릴 때도 생깁니다.
　　　　연봉 인상·승진과 수당이 균형적인지,
　　　　둘 사이에 균열은 없는지 눈치가 파고들기도 합니다.

빨리 배우는, 집중이 잘 되는, 마음대로 섬세하게 조절되고, 즐겁고,
자주·많이·오래 할 수 있는 활동이 많으면 그 일은 더 행복합니다.

과제 분석 · Task Analysis

직무는 / job
∋ 역할 · 기능, / role · function
∋ 책무 · 과제, / duty · task
∋ 업무, / work
∋ 활동, / activity
∋ 동작들로 구성됩니다. / movements

직무를 하위 구성요소로 조각내며 규명하고,
각각의 조각을 정의하는 것을 과제 분석이라고 합니다.

HRD에서 직무 분석은 다양한 여러 동급 직무들을 대상으로
각각의 난이도 · 중요도 · 빈도 등을 평가 · 비교해서
고도화 · 투자 우선순위를 판단하는 활동입니다.
DIF(difficulty · importance · frequency) 분석이라고도 합니다.

주제(Subject) 분석은 개개의 활동에 필요한
태도 · 지식 · 스킬을 규명하고, 한입 크기로 조각내는 활동입니다.
직무능력 · 역량 등의 교육 · 평가에 활용됩니다.
KSA(knowledge · skill · attitude) 분석이라고도 합니다.
KSA는 순서를 바꿔 ASK라고도 할 수 있습니다.
KSA는 다른 사람들에게, 스스로에게, 계속 물어봐야 늡니다.

직무 : 두피 · 모발 관리 (예시)
책무[1] : 1. 탈모, 두피질환, 모발손상 상담
       2. 두피 · 모발상태 측정 · 분석
       3. 두피 · 모발 관리 계획 수립
       4. 두피 · 모발 관리(두피 스케일링, 영양 마사지)
업무[2] : 1. 상담 · 관리 공간 · 환경 세팅
       2. 고객 환대, 응대, 서비스 · 상담 안내
       3. 두피 · 모발상태 측정 · 진단
       4. 두피 · 모발관리 계획수립 · 상담 · 기록
       5. 관리 복장 · 도구 착용 안내
       6. 관리 기기 · 도구 · 제품 세팅
       7. 고객 위생 · 안정감 · 편안함 조절
       8. 스트레칭 · 마사지 · 지압 · 브러싱 · 스케일링
       9. 스팀 · 스캘프 · 샴푸 · 헤어 팩 · 앰플 · 영양제
      10. 관리 결과 · 홈 케어 · 후속 일정 안내
      11. 고객 만족 확인 · 배웅

1) 커리어넷 〉 직업정보 〉 직업백과 〉 두피모발관리사 소개 요약
2) NCS 〉 12.이용 · 숙박 · 여행 · 오락 · 스포츠 〉 01.이 · 미용 〉
   01.이 · 미용 서비스 〉 01.헤어미용 〉 두피 · 모발 관리 〉 NCS학습모듈 〉
   2. 두피 · 모발 관리 첨부파일 〉 학습 2. 요약(순서, 표현 일부 변경)

보답 · Reward

보답은 활동 원가와, 활동을 통해 만들어진 가치 · 이익의 합입니다.
땀 흘려 마음 · 머리 · 몸을 움직인 수고에 대한 답례입니다.
경제 · 사회 · 인간적 결핍 해소, 성장, 사랑의 밧데리입니다.

  경제적 성장(economic · financial) / 존재 욕구[1]
  사회적 성장(reputational)   / 관계 욕구
  인간적 성장(goal experiential)   / 성장 욕구

활동 · 수고의 결과(result)가 완성도 높게 평가될 때
그 성과가 화폐 · 평판 · 경험으로 돌아옵니다.
 결과는 내부 · 외부 고객(이해관계자)에 의해
   산출물 · output 〉 효과 · outcome 〉 영향 · impact
 수준에서 각각 평가 · 종합됩니다.

내부 고객은 책임자 · 관리자 · 동료 · 파트너 같은
   함께 일한 모든 사람,
외부 고객은 구매자 · 실사용자 · 후견인 · 후원사,
  지역 단체 · 기관 등의 모든 수혜자입니다.
성과라는 말은 완성도 높은 수행 · 결과라는 말입니다.

---

[1] ERG(욕구)이론, 앨더퍼(C.Alderfer)

경제적 성장 기회는 보통 보상과 혜택이라고 부릅니다.
　보상(compensation, 연봉)은 이런 형태로 구성됩니다.
　　급여(과세)　: 근로계약금(고정급 = 기본급 + 상여금)
　　　　　　　　　+ 성과급(변동급 = 인센티브/PI + 이익공유/PS)
　　수당(비과세): 주 40시간 외 근로 수당 + 기타 수당
　　　　　　　　　(식비, 통신비, 유류비, 영업비, 휴가비…)
　혜택(benefit, 복리후생)은 이런 형태로 구성됩니다.
　　경조사 · 교육 · 주차 · 정착 · 주택 지원금, 할인 · 공동구매…

사회적 성장이란 말은 평판 · 명예 · 명성이 올라간다는 말입니다.
　일의 성과에 대한 사람들의 가치 평가에 의해 올라갑니다.
　　사회적 가치 : 생명, 사랑, 정의, 평화, 정직… (윤리 · 도덕)
　　전문적 가치 : 통찰, 창의, 리더십, 프로페셔널… (힘 · 역량)
　직장 · 학교 · 가족이 이룬 업적 · 유산의 후광을 받기도 합니다.
　　직장: 매출 · 이미지 · 상품 · 기술, ESG · CSR · 봉사 활동…

인간적 성장이란 말은 전문가적 · 인격적 성장이란 말입니다.
　내 · 외재적 경험의 기회가 많을수록 유리합니다.
　　내재적 기회 : 자유, 관심, 공감, 용서, 화해, 공유, 도전…
　　외재적 기회 : 휴무, 휴가, 유연근무, 동호회, 안식년…
　　　　　　　　　승진, 보임, 겸임, 파견, 연수, 교육…

투입 · Input

input은 활동과 산출(성과)에 직접적으로 영향을 주는,
　　주요 인물(사람) · 사물 · 사실 · 사리(事理)입니다.
　　(input은 환경에 영향을 받습니다.)

주요하다는 말은 이런 특징들이 특별히 매력적이라는 말입니다.
　사람　:　같이 있고 싶다.　친해지고 싶다.　따라 하고 싶다.
　　　　　비슷할 것 같다.　어울리고 싶다.　좋(아한)다.
　　　　　알고 · 돕고 싶다.　멋있(어 보인)다.　이해된다…

　사물　:　쉽(겠)다.　좋(아한)다.　예쁘(겠)다.　재미있(겠)다.
　사실　　편하(겠)다. 유용하(겠)다. 중요하(겠)다. 가치있(겠)다.
　사리　　아낀다 · 아끼고 싶다.　알아야 · 알려야 한다.
　　　　　안 심심하(겠)다.　　　잘 한다 · 할 수 있다…

input은 하루 온종일, 1년 12달, 수십 년을 함께 울고 웃으며,
밀고 끌고 · 먹여주고 재워주고 · 갈고 닦고 · 마르고 닳도록 파야 하는,
미워도 다시 한번, 만남과 헤어짐을 반복해야 하는 동반자입니다.
input을 이해할 · 좋아할 · 아낄 수 없는 일은 그만큼 덜 행복합니다.

결혼할 때 배우자 · 집 · 건강 · 사랑이 중요한 것처럼,
일할 때는 사람 · 사물 · 사실 · 사리의 input이 중요합니다.

사람에는 팀원, 유관 부서, 납품처, 관공서 담당자 및 유관 조직
 (학교, 병원, 소방서, 경찰서, 미디어, 협회, 단체, 주민…),
 팬, 명사, 스타, 롤 모델… 등이 포함될 수 있습니다.

사물에는 사람을 제외한, 오감으로 느낄 수 있는 물질이 모두
 포함될 수 있습니다. 물리적인 근무 환경도 포함됩니다.
 복장 · 도구 · 장치 · 설비 · 시설 · 소재 · 재료 · 원료 같은,
 논 · 밭 · 산 · 바다 · 지하 · 해 · 달 · 별 · 바람 · 칼 · 바늘 ·
 피부 · 피 · 땀 · 눈물 · 응가 · 약 · 침대 · 사이렌 · 도시락 ·
 생리대 · 폐지 · 킨 병 · 리어카 · 안전모 · 소화기 · 소 · 강치 ·
 따오기 · 종자 · 주물 · 쇳물 · 고로 · 미싱… 같은 느낌입니다.

사실에는 모든 정보 · 문제가 포함될 수 있습니다.
 외모 · 형상 · 현상 · 사건 · 유행 · 반응 · 태도 · 의견 · 느낌 ·
 패턴 · 구조 · 구성 · 시세 · 조회 수 · 만족도 · 헌법 · 규칙 ·
 증거 · 정책 · 목적 · 목표 · 점수 · 사정 · 사기 · 폭력 · 전쟁 ·
 무늬 · 온도 · 길이 · 질량 · 중력 · 장… 같은 느낌입니다.

사리에는 모든 지식(해결 방법 · 원리 · 요령 등)이 포함될 수 있습니다.
 지식은 언제 어디 누구나 if · then · nevertheless 하는,
 인연과보에[1] 대한 깨달음 · 기억입니다.

1) 인연과보(因緣果報), 법륜 스님

산출 · Output

output은 활동의 결과로 나타나는 산출물입니다.
      우리 자신을 표상 · 투영하게 하고, 새로워 보이게 하고,
      자신감을 고양시킵니다.
      목표(성과)에 대한 정의 · 기준 · 평가의 영향을 받습니다.
      효과 · outcome, 영향 · impact 포함입니다.

output에도 사람 · 사물 · 사실 · 사리가 있습니다.

일했다는 말은 열심히 했다 · 힘이 들었다는 말보다,
      사람 · 사물 · 사실 · 사리의 위치 · 상태에
      매력적인 변화가 생겼다는 말에 더 가깝습니다.

일이 끝나면,
함께 일한 사람들은 더 성장해 · 행복해 있어야 합니다.
사물은 더 보기 · 듣기 · 먹기 · 맡기 · 만지기 · 쓰기 좋아져야 합니다.
사실은 더 많은 다른 사실과 좀 더 강하게 이어져야 합니다.
사리는 더 일반화되거나 정확해지거나 단순해져야 합니다.

여기에 새로운 사람 · 사물 · 사실 · 사리나 그 변화가
최초 · 최고 · 최대 · 최다로 나타나면 금상첨화입니다.

output에 대한 기대가(이미지·요건·수준 등이) 분명하고,
　　그에 대한 목표/성과·평가 기준/방법·책임이
　　　더 많이 마음에 드는 일은 그만큼 더 행복합니다.

　(극단적인 예를 들어) 신제품을 개발하는데,
　연간 신제품 출시 건수, 전체 매출 중 신제품 매출 비중,
　기한 내 신제품 개발 완료율, 개발기간 단축률,
　개발비용 절감률, 제품 원가 절감률, 신기술 적용도,
　신규 특허·소재 개발 건수 및 미래 가치(활용 가능성),
　마케팅·구매·생산·영업·물류·지원부서 만족도,
　고객 만족도, 신규 고객 증가율, 매장 재방문 증가율,
　지각 건수, 시간 외 근로 시간, 휴무 사용률,
　제안 마일리지 점수, 교육이수점수, 역량점수, 동호회 참여도,
　봉사활동점수, 논문등재·학회발표 건수, 정책활용도 등으로
　평가받는 일이 힘들면 그만큼 덜 행복합니다.

output에 대한 기대가 없는, 불분명한, 공감·공유가 어려운 일은
성과 내기·성공/성장하기가 더 힘듭니다.

선택·준비·지원·입사 전까지 자세히·끝까지 알아보는 일,
자신(自身·自新·自信)을 느끼는 일 더 많아지시길 빕니다.
　자신(自新)을 느끼는 일은 혁신(革新)하지 않아도 됩니다.
　　혁신은 가죽을 벗겨서 새롭게 한다, 많이 아프다는 말입니다.

만족 · Satisfaction

만족은 결핍 해소 경험에 대한 인식 · 반응입니다.
    일의 존재 이유, 본질 · 목적 · 가치입니다.
    일은 뭔 · 누군가 결핍 해소의 필요를 느낄 때 시작되고,
    필요가 충족되어 결핍 해소의 만족을 느낄 때 끝납니다.

만족에는 결핍(현상 · 문제 · 원인),
    결핍 해소 필요를 느끼는 사람,
    결핍 해소 · 경험 방식에 대한 바람이 들어 있습니다.

누군가의 결핍에 시선 · 관심이 가고, 공감 · 공유가 되고,
그분이 눈에 밟히고, 눈 감아도 생각이 나 일을 할 때는
결핍의 슬픔 · 해소의 기쁨 · 만족의 순간을 함께 나누게 됩니다.
    우리 결핍 해소의 기쁨 · 만족 · 행복을 느끼기 전에 먼저
    그분 결핍 해소의 기쁨 · 만족 · 행복을 느낄 수 있습니다.
    결핍 해소의 기쁨 · 만족 · 행복이 두 배가 됩니다.

    슬픔은 나누면 절반이 되고, 기쁨은 나누면 두 배가 됩니다.
    결핍 해소의 기쁨 · 만족 · 행복이 세 배가 됩니다.

    그분의 보답으로 우리 결핍이 해소되고, 그분도 함께 기뻐하면
    결핍 해소의 기쁨 · 만족 · 행복이 네 배가 됩니다.

결핍 해소 문제는 지상 2층 · 지하 2층짜리 병원 같습니다.

   옥상   원무행정과   문제를 찾아내는 문제   / question
   2층.   응급간호과   불편함을 느끼는 문제   / trouble
   1층.   재활 · 외과   비정상적인 작동 문제   / problem
   B1F.   진단 · 내과   공급 과잉 · 결핍 문제   / MECE[1]
   B2F.   운동정신과   과잉 · 결핍의 원인 문제   / (root) cause

   옥상부터 시작해서   / 좋은 질문 만들기
   지하 2층까지 내려갔다가   / 문제 확인 · 해결하기
   다시 2층까지 올라가고   / 작동 · 효과 확인하기
   마지막으로 옥상에 다시 갔을 때   / 느낌 · 만족 확인하기
   웃는 얼굴을 보면 기쁘고 만족스럽고 행복합니다.
   시간이 지나 영향이 확인되고, 잔치에도 초대되면 더 행복합니다.

땅 위 문제는 만족, 땅속 문제는 불만족에 더 영향을 줍니다.[2]
결핍 해소 방식 · 경험까지 충족되어야 만족이 된다는 말입니다.
   작동 · 느낌 문제만 지금 · 여기 · 우리 문제가 되고,
   결핍 · 원인 문제는 당신(이 풀어야 할) 문제가 될 때가 있습니다.

---

1) MECE(중복 · 누락), 매킨지식 사고와 기술, 사이토 요시노리
2) 동기위생이론, 허츠버그(Herzberg), 불만족 (-) ← 0 → (+) 만족

환경 · Environment

환경은 투입 · 활동 · 산출 · 만족 · 보답에 모두 영향을 줍니다.
    외부 · 내부 · 개인 환경으로 나눌 수 있습니다.
    도전 · 극복 · 성장 환경으로 표현할 수도 있습니다.
환경이 직장 생활을 가늘게 · 짧게, 굵게 · 길게 만듭니다.

외부 환경은 정치 · 경제 · 사회 · 기술적 환경 변화 · 요구입니다.[1]
  전쟁, 석유 값, 환율, 유행, 사회갈등, 새로운 발견 · 발명 등
  직장과 우리 업무에 유불리를 조장하는, 도전적인 환경입니다.
  경쟁사 사정, 문화 트렌드 등도 포함됩니다.
    국가 OO 방향 · 계획 · 과제, OO전망 · 동향 · 백서 · 심포지엄 ·
    컨퍼런스 · 박람회 등을 방문 · 검색하면 알 수 있습니다.
    주로 연말 · 연초에 많이 바뀌고, 꽤 장기적인 영향을 줍니다.

내부 환경은 외부 환경 극복을 위한 직장의 문화 · 전략입니다.
  문화는 집단적 신념, 가치관, 정책 · 규범, 리더십 등입니다.
    우리의 개성 · 적성 · 심리 유형이 조직에도 있다는 말입니다.
    경영이념, 핵심가치, 행동원칙, 인재상, 리더십 · 역량 모델,
    정관, 취업규칙, 윤리강령, R&R, 인사 · 교육 제도, 채용 공고,
    업무 시스템, 회의 문화, 업무 메일 등을 보면 알 수 있습니다.

1) 거시환경 (PEST: Political · Economic · Social · Technological) 분석

전략 · 비전 · 경영목표 · 사업계획은
　신년사, 마케팅 · 홍보 · 광고 자료, 브랜드 이미지, 상품 구색,
　조직도, 채용 공고, 사업 · 기업 분석 보고서, 기업 주최 · 참가
　행사(OO 서밋 · 대전 · 전시회) 등을 보면 알 수 있습니다.

개인 환경은 입사 · 근무 · 육성 · 교육 등의 성장 여건입니다.
　외부 · 내부 환경을 탐색하다 보면 많이 알 수 있습니다. 특히,
　산업별 고용 전망, 채용 제도 · 공고(지원 · 우대 자격), 합격률,
　근무 시간 · 장소 · 여건, 평가 · 보상 · 인재육성 · 고충상담 제도,
　교육 체계, 연수 · 교육 · 학습조직 · 자기개발 프로그램,
　리더십 · 역량 모델, 이 · 전 · 휴 · 퇴직 사유, (임원) 커리어 등을
　(경력개발 기회 · 경로를 중심으로) 보면 알 수 있습니다.

퇴직 사유는 보통, 불편한 인간관계 · 불합리한 처우 · 성장한계입니다.
　법적 · 제도적으로 고용이 보장되어도
　직장의 외부 도전 · 내부 극복 · 개인 성장 환경이 안 맞으면
　그 일을 굵고 길게 하기 어려워집니다. 가늘고 짧아집니다.
　직장조차도 불가피한 구조조정 · 매각 · 폐업을 겪습니다.

안전 · 안정적인 직장은 공감 · 공유할 수 있는 환경 요건을 갖춘 곳,
그 안에서 서로 믿고 의지하며 합심하고 성장할 수 있는 곳입니다.

방법

진로 탐색

진로는 타인의 결핍 해소를 위해 맡는 특별한 역할과 책임입니다.
진로의 의미를 개념적으로 정의하면 그렇습니다.

진로의 의미를 조작적으로 정의하면, 진로는 "산업×직무"입니다.
동사로서 진로 선택은 "산업 선택 × 직무 선택"입니다.
  진로는 산업과 직무로 그어진 2차원 평면 위의 한 점입니다.
    산업(y) 축에서 한 점 찍어 수평으로 선 긋고,
    직무(x) 축에서 한 점 찍어 수직으로 선 그으면
    두 선이 만나는 점에 우리 진로 목표가 있습니다.

산업은 결핍·해소의 가치 사슬입니다.
산업을 보면 누가 어떤 결핍을 겪고 있고,
        무엇으로 어떻게 해소되기를 바라는지 알 수 있습니다.
산업에는 농·림·수산업, 광업, 제조·전기·가스·증기·공기·수도·
하수·원료·건설·도/소매·운수·창고·숙박·음식·정보통신·금융·
보험·부동산·서비스·관리·임대·행정·국방·교육·보건·복지·
종교·예술·스포츠·여가·단체·수리·자가생산 산업 등이 있습니다.

직무는 가치 사슬을 구성하는 낱낱의 고리들입니다.
직무를 보면 역할·책임·활동·직능·역량 등을 알 수 있습니다.
영업·생산·연구·지원 서비스 담당 직무 등이 포함됩니다.

탐색한다는 말은 모르는 사실을 찾아다닌다, 알아낸다는 말입니다.
진로 목표 선택에 필요한 선택지·기준·정보를 찾는다는 말입니다.
  1. 선택지(선택 가능한 모든 산업·직무들),
  2. 선택 기준(산업·직무들을 서로 비교·판단하는 관점),
  3. 선택 기준에 맞는 선택지의 세부 정보를 알아낸다는 말입니다.

성공적인·성공적이지 않은 진로 탐색의 가장 큰 차이는
우리 자신과 자기 선택어 대한 믿음·만족에 있습니다.

선택지가 하나뿐이라도, 기준·비교를 몰라도,
하고 싶은 일이 뚜렷하고 선뜻 책임질 수 있으면
진로 선택에 대한 불안·고민·실패·후회가 없습니다.

힘들게 노력해서 진로 선택하고·입직하고·경력까지 쌓았지만
만족스럽지 않고·힘들고·책임이 무겁고·다른 일이 부러운 건,
그땐 저런 일이 있는 줄·그 일이 그런 일인 줄·
이 일이 이런 일인 줄 몰랐지 싶은 건,
나는 누구·여긴 어디·너가 왜·당신이 왜 하는 생각이 나는 건,
최선을 다해 열심히 살아왔는데 그런 내가 비루하게 느껴지는 건

모두 진로 탐색, 산업·직무의 아름다움에 대한 정보 부족 탓입니다.

진로 탐택

진로 탐택이란 말은 진로 탐색과 선택을 합친 말입니다.
진로 탐색은 직간접적 경험·시간·힘이 많이 요구되는 일입니다.
진로 탐색 다 한 후에 선택하면 입직 준비할 시간이 줄어듭니다.
탐색해야 할 산업과 직무들이 비록 많지만, 단계별로 탐색하면서
선택을 병행하고, 입직도 준비할 수 있으면 알뜰합니다.

가장 알뜰한 진로 선택 방법은 산업·직무 분류별 소거 방법입니다.
상위 분류 소거를 통해 하위 분류 탐택 범위를 좁히는 방식입니다.
　산업 〉 업종 〉 업태 〉 종목 〉 세목 〉 직장,
　직장 〉 사업부 〉 팀 〉 파트 〉 담당 직무 순입니다.

　세목 밑에 직장이 너무 많을 때는,
　직원 수·매출·이익 등의 순서로 직장들을 내림차순 정렬하고
　위에서 n개 직장들부터 비교합니다.

　세목 아래에 직무가 너무 많을 때는,
　규모가 가장 크고 역할이 더 세련·세분된 직장을 기준으로
　사업부 〉 팀 〉 파트 〉 담당 직무를 비교합니다.

진로 탐택이 끝나면 산업 ~ 직무 분류별 우선순위가 정해집니다.
순서에 맞게 최종 목표, 입직 목표를 정하고 직능을 개발합니다.

산업은 한국표준산업분류(KSIC, 통계청),
직장은 전자공시시스템(DART, 금융감독원),
　　　 공공기관 경영정보 공개시스템(ALIO, 기획재정부),
　　　 중소기업 현황정보 시스템(SMINFO, 중소벤처기업부),
직무는 국가직무능력표준(NCS, 산업인력공단, 직업능력연구원),
　　　 한국고용직업분류(KECO, 고용노동부)
　　　 한국표준직업분류(KSCO, 통계청) 등을 참고합니다.
　　　　　KECO는 육성 목적 · 직능 유형 〉 수준 분류에 더 가까운,
　　　　　KSCO는 관리 목적 · 직능 수준 〉 유형 분류에 더 가까운
　　　　　경향이 있습니다. 모두 2025년 1월부 개정되었습니다.
각각의 정보는 해설서 · 설명서 등 다양한 형태로 함께 제공됩니다.

진로 목표는 2개가 좋습니다. 최종 목표 · 입직 목표입니다.
그 사이에 변곡점 · 경력개발 목표들이 있습니다.
　　최종 진로 목표에는 2가지 직무 유형이 있습니다.
　　전체 가치 사슬에 대한 최적화 책임 전문가(Generalist),
　　부분 가치 고리에 대한 최적화 책임 전문가(Specialist)입니다.
　　각각의 세부 내용은 KSCO의 직능 수준 등을 참고합니다.[1]

---

1) 제8차 한국표준직업분류(KSCO) 해설서 (p.7~8), Ⅰ.총설 〉 2.개요 〉
　 라. 직업분류와 직능수준 (2025.1월부 시행)

정보 탐색

정보를 탐색하는 방법은 크게 4가지입니다.
  1. 다중 간접 경험하기 / 강연·수업·각종 행사 (모의 환경)
  2. 물어보기·듣기   / 인터뷰·회의·설문
  3. 보기·읽기   / 문헌·현장 조사 (도·문서, 견학·관찰)
  4. 직접 경험하기   / 직무 수행하기 (실제 환경)

1. 다중 간접 경험은 비교적 비싸고 가장 빠른 방법입니다.
   각종 영상·체험·연수·캠프 등도 여기에 포함됩니다.
   미리 가공된 정보를 체계적으로 이해하는 데 좋은 방법입니다.
   필요로 하는 정보가 새롭고 낯설 때, 배경지식이 없을 때,
   해당 영역에 대한 전체를 조망하고 감을 잡을 때 좋습니다.
   학교·학원의 정규 커리큘럼을 제외하면,
   날것의 정보에 깊이·낱낱이 접근하기는 어렵습니다.

2. 물어보기·듣기는 비교적 싸고 빠른 방법입니다.
   문제 해결에 필요한 내용·방법이 궁금할 때,
   원인·과정·결과·영향 사이에 원 포인트 레슨이 필요할 때,
   우리가 우리 모습을 보고 싶을 때 사용하기 좋은 방법입니다.
   질문이 얕고 넓으면 답변도 얕고 넓어집니다. 열린 결말 됩니다.
   질문이 상황중심적이고 구체적이며 깊으면 답변도 그렇게 됩니다.
   먼저 질문의 의도·사정을 설명하고 양해·동의를 구해야 합니다.

3. 보기·읽기는 가장 싸고 비교적 빠른 방법입니다.
대부분의 인터넷 검색도 여기에 포함됩니다.
대량의 정보를 폭넓게 조망하고 전체를 파악하여
필요한 정보가 어디·누구에게 있는지 찾는 데 좋은 방법입니다.
특정 정보를 깊이 이해하는 데에도 적합한 방법입니다.
문헌·현장의 보편성·객관성·전문성을 꼭 확인해야 합니다.

4. 직접 경험하기는 가장 비싸고 가장 느린 방법입니다.
특정 주제에 대해 가장 확실하고 깊이 있는 정보를 제공합니다.
해 보지 않고는 알기 힘든, 복잡 미묘한 맞춤 정보를 제공합니다.
시간이 오래 걸립니다. 너무 오래 걸립니다.

추천하는 정보 탐색 절차는 다음과 같습니다.
1. 다중 간접 경험   ∨ 필요로 하는 정보 전체를 폭넓게 개관합니다.
2. 물어보기·듣기   ∨ 문제 해결에 필요한 길을 물어봅니다.
3. 보기·읽기   ∨ 해당 분야의 자료를 취합·선별·가공합니다.
2. 물어보기·듣기   ∨ 내용·방법 전문가에게 검증·지도받습니다.
                    (보기·읽기, 물어보기·듣기를 반복합니다.)
4. 직접 경험하기   ∨ 검증을 위한 목적으로, 마지막으로,
                      직접 경험해 봅니다. (알바/파트타임·인턴)

정보가 가공될 때는 항상 의도가 들어갑니다. 늘 주의해야 합니다.

산출물 1. 선택지 정의

진로 탐택 주요 산출물은 절차별 최종 선택(산업·직무) 정의입니다.
 탐색은 선택지를 알아 가는 과정입니다. 일을 선택하려면 이 일이
  1. 누구의   2. 무슨 결핍이   3. 어떻게 해소되도록,
  4. 어떤 환경에서   5. 무슨 역할을 맡아   6. 어떻게 책임지며,
  7. 뭔·누군가와   8. 어떤 활동으로   9. 무엇을 만들어 내어
 10. 어떤 보답으로 얼마큼 성장하는 일인지 알아야 합니다.

같은 산업을 두고도 각자 정의가 다를 수 있습니다.
"나에게 농업이란 이런 의미·가치가 있어." 하는 느낌으로,
자료조사·대화·체험을 통해 산업을 탐색하고 정의합니다.
다른 산업 정의와 중복·누락되는 내용이 없어야 합니다.

예를 들어 농업의 OO재배·사육업은 이렇게 정의될 수 있습니다.
 [1] 인류의   [2] 영양 결핍 해소가   [3] 더 맛있고 싸고 안전하도록
 [4] 외국 농산물 수입·경쟁 및 기후 변화 환경에서도
 [5] 우리나라의 식량 안보와 식품·음식·요리 경쟁력의 근간으로서
 [6] OO농·축산물의 재고·할인·폐기를 최소화하며
 [7] 관련 연구·생산·유통·판매·지원 산업 종사자와 함께
 [8] 토지 생산성이 우수한 종자·생산·관리 활동과 기술 향상으로
 [9] 가격·품질·친환경성 우수한 효용 가치를 만들어 내어
 [10] 인당 명목 국민총소득 이상의 실질 소득과 여가를 실현하는 일
     (2023년 인당 국민총소득: 명목 4,405만 원, 실질 3,703만 원)

참고로, 한국표준산업분루의 산업 정의와 분류 기준은 이렇습니다.
정의: 성질이 유사한 산업 활동에 주로 종사하는 생산단위의 집합
기준: 1. output 특성: 물리적 구성·과정·수요·기능/용도,
   2. input 특성 : 원재료, 공정·기술·시설,
   3. activity 특성: 생산활동의 결합형태

[표 1] 한국표준산업분류 항목 수 (11차 기준)

대분류	중분류	소분류	세분류	세세분류
A. 농업, 임업 및 어업	3	8	21	33
B. 광업	4	7	10	11
C. 제조업	25	85	182	480
D. 전기, 가스, 증기 및 공기 조절 공급업	1	3	5	10
E. 수도, 하수 및 폐기물 처리, 원도 재생업	4	6	14	19
F. 건설업	2	8	16	46
G. 도매 및 소매업	3	20	62	186
H. 운수 및 창고업	4	11	19	47
I. 숙박 및 음식점업	2	4	11	30
J. 정보통신업	6	12	26	45
K. 금융 및 보험업	3	8	14	29
L. 부동산업	1	2	4	12
M. 전문, 과학 및 기술 서비스업	4	14	20	50
N. 사업시설 관리, 사업 지원 및 임대 서비스업	3	11	22	32
O. 공공 행정, 국방 및 사회보장 행정	1	6	10	28
P. 교육 서비스업	1	7	17	33
Q. 보건업 및 사회복지 서비스업	2	6	9	25
R. 예술, 스포츠 및 여가관련 서비스업	2	4	17	43
S. 협회 및 단체, 수리 및 기타 개인 서비스업	3	8	18	41
T. 가구 내 고용활동 및 미분류 자가 소비 생산활동	2	3	3	3
U. 국제 및 외국기관	1	1	1	2
21	77	234	501	1,205

산출물 2. 기준 정의

진로 탐택의 두 번째 산출물은 선택 기준·이유 정의입니다.
  기준에는 비교기준(날줄)과 판단기준(씨줄)이 있습니다.

  일은 ariose로 구성됩니다. ariose는 비교기준이 됩니다.
  다른 기준을 써도 됩니다. (소득, 명예, 안정성, 비전, 보람 등)

진로 탐택의 핵심은, 선택이 끝났을 때
  이 일이 뭐 하는 일인지, 왜 선택했는지를 설명하고,
  자신을·투자자를·면접자를 납득시킬 수 있어야 한다는 점입니다.

ariose 관점에서 비교기준은(선택 이유는) 최소 6개입니다.
  활동·보답·투입·산출·만족·환경입니다.

  6개가 너무 많거나 적으면 기준을 줄이거나 늘릴 수 있습니다.
    ariose 구성 항목은 총 20개입니다.
      활동: 마음·머리·몸   / 3개
      보답: 경제·사회·인간적 성장 기회   / 3개
      투입: 사람·사물·사실·사리   / 4개
      산출: 사람·사물·사실·사리   / 4개
      만족: 대상·결핍·해소 방법   / 3개
      환경: 외부 환경·내부 환경·성장 환경   / 3개

몇몇 비교기준은 더 늘릴 수 있습니다.
　보답: ⓔ 보상·혜택, ⓢ 사회·전문적 평판, ⓖ 내·외적 경험
　산출: 산출물·영향·효과 × 평가 목표(성과)·항목·방법
　환경: 정치·경제·사회·기술적 변화 요구(외부),
　　　　조직문화·전략(내부), 입직·근로·육성·교육 여건(성장)

산업·직무 선택은 상대평가입니다.
판단기준, 없어도 되지만, 있으면 더 좋습니다. 만족도 추천입니다.
　보통 5점 만점입니다. (매우 만족, 만족, 보통, 불만족, 매우 불만족)
　필요에 따라 7점, 100점 만점으로 평가해도 됩니다.
　날줄에 따라, 만족은 좋음·충분함, 불만족은 싫음·부족함 등으로
　　　　바꿔 쓸 수 있습니다.

선택지를 더 깊이 비교하고 싶을 때는 만족도의 의미를 조각냅니다.
예를 들면, 활동: 몰입도·숙련도·수용력·지구력　　/ 4개
　　　　　보답: (많다·적다로 단순 비교 가능합니다.)
　　　　　투입: 이해도·친숙도·선호도　　　　　　/ 3개
　　　　　산출: 자신감(自身·自新·自信 感)　　　/ 3개
　　　　　만족: 동질감·관심도·중요도　　　　　　/ 3개
　　　　　환경: 공감도·공유도　　　　　　　　　 / 2개가 됩니다.

창직 · 창업

ariose를 기준으로 산업을 직무 수준까지 걸러내면,
현존하는 모든 산업 · 직무 조합을 고를 수 있습니다.

마음에 드는 산업 · 직무가 없으면 만들어야 합니다.

ariose 각 항목별로 가장 매력적인 답을 각각 찾아 한데 조합하면
우리에게 가장 적합한 직무 · 사업을 만들 수 있습니다.
 1. 누구의   2. 무슨 결핍이   3. 어떻게 해소되도록,
 4. 어떤 환경에서   5. 무슨 역할을 맡아 6. 어떻게 책임지고,
 7. 뭔 · 누군가와   8. 어떤 활동으로   9. 무엇을 만들어 내어
10. 어떤 보답으로 얼마큼 성장하고 싶은지 빈칸을 채웁니다.

빈칸을 각각 채워 하나의 완성된 문장이 되면
이 문장은 창직 · 창업 목적이 되고,
10개의 항목은 목차가 되며,
각각의 내용은 업무 · 사업 내용이 됩니다.
항목별 내용을 중복과 누락 없이, 타당하고 신뢰롭게,
근거 · 사례 · 예시를 더해 구체적으로 풀어 내리면
회사 소개서, 업무/사업 제안서 · 계획서 · 결과보고서가 됩니다.
입직할 때는 자기소개(서) · 지원 사유 · 포부가 됩니다.

산업 탐택

우리가 입직·창업할 수 있는 선택지는
한국표준산업분류표 안에 대부분 들어 있습니다.
　2024년 7월에 11차 개정 분류가 시행되었습니다.
　신산업을 위한 산업 특수분류는 별도입니다.

진로 선택 기준이 있으면 산업 비교에 바로 적용하고,
　　　　　　　없으면 그때마다 만들어 적용할 수도 있습니다.
산업에 대한 이해가 깊어졌을 때 또 고칠 수 있습니다.

한국표준산업분류는 5단계로 분류됩니다.
대분류 〉 중분류 〉 소분류 〉 세분류 〉 세세분류

각각 (사업자등록증에 표기 되는)
산업 〉 업태 〉 업종 〉 종극 〉 세목과 대응됩니다.

탐택할 때 품이 가장 많이 드는 일은 정보 탐색·선별·가공입니다.
　예를 들어, 직장 비교에 필요한 연봉은 기본적으로 비공개입니다.
　산업을 비교할 때는 산업별 평균 소득으로 대신해야 합니다.

　질적 가치를 양적 가치로 환산하는 일도 쉽지 않습니다.
　경제적 보답 말고는 대부분 질적인 정보입니다. 정답이 없습니다.
　진로 선택은 주관적인 문제입니다. AI 검색, 많이 활용합니다.

절차 1. 산업 대분류 탐색

한국표준산업분류, 대분류의 선택지는 총 21개입니다.
비교 기준에 맞춰 21개 산업을 한 줄로 재정렬합니다.
　표를 만들고, 점수를 매기고, 평균을 내림차순 정렬합니다.
　추천하는 비교기준은 만족(satisfaction)의 3요소나
　ariose 6개 항목별 만족도입니다. 21점 만점 평가를 추천합니다.

[표 2] 산업 대분류 탐색 예시 1 (아리오스의 만족 만족도 비교)

한국표준산업분류 (대분류)	만족 만족도 (각각 21점 만점)				평가 결과 (순서)
	만족 대상	결핍	해소 방법	평균	
A. 농업, 임업 및 어업	21	21	21	21	1
B. 광업	20	20	20	20	2
C. 제조업	19	19	19	19	3
D. 전기, 가스, 증기 및 공기 조절 공급업	18	18	18	18	4
E. 수도, 하수 및 폐기물 처리, 원료 재생업	17	17	17	17	5
F. 건설업	16	16	16	16	6
G. 도매 및 소매업	15	15	15	15	7
H. 운수 및 창고업	14	14	14	14	8
I. 숙박 및 음식점업	13	13	13	13	9
J. 정보통신업	12	12	12	12	10
K. 금융 및 보험업	11	11	11	11	11
L. 부동산업	10	10	10	10	12
M. 전문, 과학 및 기술 서비스업	9	9	9	9	13
N. 사업시설 관리, 사업 지원 및 임대 서비스업	8	8	8	8	14
O. 공공 행정, 국방 및 사회보장 행정	7	7	7	7	15
P. 교육 서비스업	6	6	6	6	16
Q. 보건업 및 사회복지 서비스업	5	5	5	5	17
R. 예술, 스포츠 및 여가관련 서비스업	4	4	4	4	18
S. 협회 및 단체, 수리 및 기타 개인 서비스업	3	3	3	3	19
T. 가구 내 고용활동 및 미분류 자가 소비 생산활동	2	2	2	2	20
U. 국제 및 외국기관	1	1	1	1	21

ariose 대신 다른 직업 비교 기준을 적용할 수도 있습니다.
예를 들어, 우리의 재능을
1.가르치기, 2.관리/감독하기, 3.해설/설명하기, 4.조언하기
5.조정하기, 6.검사/점검하기, 7.응용하기 등으로 정하고
아래처럼 산업 대분류를 고를 수 있습니다.

[표 3] 산업 대분류 탐색 예시 2 (재능 기준 비교)

한국표준산업분류 (대분류)	재능 기준 비교 (Yes or No)						
	1	2	3	4	5	6	7
A. 농업, 임업 및 어업							
B. 광업							
C. 제조업							
D. 전기, 가스, 증기 및 공기 조절 공급업							
E. 수도, 하수 및 폐기물 처리, 원료 재생업							
F. 건설업							
G. 도매 및 소매업							
H. 운수 및 창고업							
I. 숙박 및 음식점업							
J. 정보통신업							
K. 금융 및 보험업							
L. 부동산업							
M. 전문, 과학 및 기술 서비스업	✓	✓	✓	✓	✓	✓	✓
N. 사업시설 관리, 사업 지원 및 임대 서비스업							
O. 공공 행정, 국방 및 사회보장 행정							
P. 교육 서비스업	✓	✓	✓	✓	✓	✓	✓
Q. 보건업 및 사회복지 서비스업	✓	✓	✓	✓	✓	✓	✓
R. 예술, 스포츠 및 여가관련 서비스업							
S. 협회 및 단체, 수리 및 기타 개인 서비스업	✓	✓	✓	✓	✓	✓	✓
T. 가구 내 고용활동 및 미분류 자가 소비 생산활동							
U. 국제 및 외국기관	✓	✓	✓	✓	✓	✓	✓

절차 2. 산업 중분류 탐택

산업 중분류도 대분류 탐택과 같은 방식으로 탐택할 수 있습니다.
앞서 탐택한 대분류에 포함되는 중분류만 탐택합니다.
　해당 산업의 활동, 보답, 투입, 산출, 만족, 환경에 대해
　만족하는 정도를 매우 만족 5, 만족 4, 보통 3, 불만족 2,
　　　　매우 불만족 1로 평가합니다.

[표 4] 산업 중분류 탐택 예시 1 (ariose 만족도 비교)

한국표준산업분류 (대분류/중분류)	ariose 만족도 (각각 5점 만점)							순
	a	r	i	o	s	e	평균	
M. 전문, 과학 및 기술 서비스업								
70. 연구개발업	5	4	3	2	1	5	3.3	1
71. 전문 서비스업	4	3	2	1	5	4	3.2	2
72. 건축 기술, 엔지니어링 및 기타 과학기술 서비스업	3	2	1	5	4	3	3.0	3
73. 기타 전문, 과학 및 기술 서비스업	2	1	5	4	3	2	2.8	4
P. 85. 교육 서비스업	1	2	3	4	5	1	2.7	6
Q. 보건업 및 사회복지 서비스업								
86. 보건업	4	3	2	1	4	3	2.8	4
87. 사회복지 서비스업	3	2	1	4	3	2	2.5	7
S. 협회 및 단체, 수리 및 기타 개인 서비스업								
94. 협회 및 단체	2	1	4	3	2	1	2.2	9
95. 개인 및 소비용품 수리업	1	4	3	2	1	4	2.5	7
96. 기타 개인 서비스업	3	2	1	3	2	1	2.0	10
U. 국제 및 외국기관	2	1	2	1	2	1	1.5	11

※ [표 4]의 각 산업별 평가 점수는 해당 산업의 실제 가치가 아닙니다.
　평가 점수 입력 방식의 예를 들기 위해 임의로 입력한 숫자에 불과합니다.
※ 평가 작업을 빨리·편하게 하기 위해, 컴퓨터 스프레드시트 프로그램을 이용할 수 있습니다.
　구글시트, 한셀, 엑셀 등에서
　평균= =average(a2:e2) 같은 수식으로 입력하고 아래 칸에 복사·붙여넣기 하면 됩니다.
　순서는 =rank(평균2, $평균2:$평균14) 같은 수식으로 입력 후 아래 칸에 복·붙하면 됩니다.

ariose 대신 다른 직업 비교 기준을 적용할 수도 있습니다.
예를 들어, 우리의 재능을, 83페이지처럼,
1.가르치기, 2.관리/감독하기, 3.해설/설명하기, 4.조언하기
5.조정하기, 6.검사/점검하기, 7.응용하기 등으로 정하고
아래처럼 산업 대분류를 탐택할 수 있습니다.

[표 5] 산업 중분류 탐택 예시 2 (재능 기준 비교)

한국표준산업분류 (대분류/중분류)	재능 기준 비교 (Yes or No)						
	1	2	3	4	5	6	7
M. 전문, 과학 및 기술 서비스업							
70. 연구개발업							
71. 전문 서비스업	✓	✓	✓	✓	✓	✓	✓
72. 건축 기술, 엔지니어링 및 기타 과학기술 서비스업							
73. 기타 전문, 과학 및 기술 서비스업							
P, **85. 교육 서비스업**	✓	✓	✓	✓	✓	✓	✓
Q. 보건업 및 사회복지 서비스업							
86. 보건업							
87. 사회복지 서비스업	✓	✓			✓		
S. 협회 및 단체, 수리 및 기타 개인 서비스업							
94. 협회 및 단체	✓	✓	✓	✓	✓	✓	✓
95. 개인 및 소비용품 수리업							
96. 기타 개인 서비스업	✓	✓	✓	✓	✓	✓	✓
U. 국제 및 외국기관							

직업 선호도, 적성, 지능, 성격 등의 심리 검사 결과 등
마음에 더 드는 기준이 있으시면 그 기준으로 탐택하셔도 됩니다.

절차3. 산업 소분류 탐택

산업 소분류도 중분류 탐택과 같은 방식으로 탐택할 수 있습니다.
만족도 평가 만점 점수는 선택지 개수 기준으로 바꿀 수 있습니다.

[표 6] 산업 소분류 탐택 예시 1 (ariose 기준 만족도 비교)

한국표준산업분류 (중분류/소분류)	ariose 만족도 (각각 20점 만점)							순
	a	r	i	o	s	e	평균	
71. 전문 서비스업								
711. 법무관련 서비스업	20	20	20	20	20	20	20	1
712. 회계 및 세무관련 서비스업	19	19	19	19	19	19	19	2
713. 광고업	18	18	18	18	18	18	18	3
714. 시장 조사 및 여론 조사업	17	17	17	17	17	17	17	4
715. 회사 본부 및 경영 컨설팅 서비스업	16	16	16	16	16	16	16	5
716. 기타 전문 서비스업	15	15	15	15	15	15	15	6
85. 교육 서비스업								
851. 초등 교육기관	14	14	14	14	14	14	14	7
852. 중등 교육기관	13	13	13	13	13	13	13	8
853. 고등 교육기관	12	12	12	12	12	12	12	9
854. 특수학교, 외국인학교 및 대안학교	11	11	11	11	11	11	11	10
855. 일반 교습학원	10	10	10	10	10	10	10	11
856. 기타 교육기관	9	9	9	9	9	9	9	12
857. 교육 지원 서비스업	8	8	8	8	8	8	8	13
87. 사회복지 서비스업								
871. 거주 복지시설 운영업	7	7	7	7	7	7	7	14
872. 비거주 복지시설 운영업	6	6	6	6	6	6	6	15
94. 협회 및 단체								
941. 산업 및 전문가 단체	5	5	5	5	5	5	5	16
942. 노동조합	4	4	4	4	4	4	4	17
949. 기타 협회 및 단체	3	3	3	3	3	3	3	18
96. 기타 개인 서비스업								
961. 미용, 욕탕 및 유사 서비스업	2	2	2	2	2	2	2	19
969. 그 외 기타 개인 서비스업	1	1	1	1	1	1	1	20

83, 85페이지처럼 산업 소분류를 탐택할 수도 있습니다.

[표 7] 산업 소분류 탐색 예시 2 (재능 기준 비교)

한국표준산업분류 (중분류/소분류)	재능 기준 비교 (Yes or No)						
	1	2	3	4	5	6	7
71. 전문 서비스업							
711. 법무관련 서비스업							
712. 회계 및 세무관련 서비스업							
713. 광고업							
714. 시장 조사 및 여론 조사업							
715. 회사 본부 및 경영 컨설팅 서비스업	✓	✓	✓	✓	✓	✓	✓
716. 기타 전문 서비스업	✓	✓	✓	✓	✓	✓	✓
85. 교육 서비스업							
851. 초등 교육기관							
852. 중등 교육기관							
853. 고등 교육기관							
854. 특수학교, 외국인학교 및 대안학교							
855. 일반 교습학원	✓	✓	✓	✓	✓	✓	✓
856. 기타 교육기관	✓	✓	✓			✓	✓
857. 교육 지원 서비스업	✓	✓	✓	✓	✓		
87. 사회복지 서비스업							
871. 거주 복지시설 운영업							
872. 비거주 복지시설 운영업							
94. 협회 및 단체							
941. 산업 및 전문가 단체	✓	✓	✓	✓		✓	✓
942. 노동조합							
949. 기타 협회 및 단체	✓	✓	✓	✓		✓	✓
96. 기타 개인 서비스업							
961. 미용, 욕탕 및 유사 서비스업							
969. 그 외 기타 개인 서비스업	✓	✓	✓	✓	✓	✓	✓

절차4. 산업 세분류 탐택

산업 세분류도 소분류 탐택과 같은 방식으로 탐택할 수 있습니다.

[표 8] 산업 세분류 탐택 예시 1 (ariose 기준 만족도 비교)

한국표준산업분류 (소분류/세분류)	ariose 만족도 (각각 21점 만점)							순
	a	r	i	o	s	e	평균	
715. 회사 본부 및 경영 컨설팅 서비스업								
7151. 회사 본부	21	21	21	21	21	21	21	1
7153. 경영 컨설팅 및 공공 관계 서비스업	20	20	20	20	20	20	20	2
716, 7160. 기타 전문 서비스업	19	19	19	19	19	19	19	3
855, 8550. 일반 교습학원	18	18	18	18	18	18	18	4
856. 기타 교육기관								
8561. 스포츠 및 레크리에이션 교육기관	17	17	17	17	17	17	17	5
8562. 예술학원	16	16	16	16	16	16	16	6
8563. 외국어학원 및 기타 교습학원	15	15	15	15	15	15	15	7
8564. 사회교육시설	14	14	14	14	14	14	14	8
8565. 직원 훈련기관	13	13	13	13	13	13	13	9
8566. 기술 및 직업 훈련학원	12	12	12	12	12	12	12	10
8569. 그 외 기타 교육기관	11	11	11	11	11	11	11	11
857, 8570. 교육 지원 서비스업	10	10	10	10	10	10	10	12
941. 산업 및 전문가 단체								
9411. 산업 단체	9	9	9	9	9	9	9	13
9412. 전문가 단체	8	8	8	8	8	8	8	14
949. 기타 협회 및 단체								
9491. 종교 단체	7	7	7	7	7	7	7	15
9492. 정치 단체	6	6	6	6	6	6	6	16
9493. 시민운동 단체	5	5	5	5	5	5	5	17
9499. 그 외 기타 협회 및 단체	4	4	4	4	4	4	4	18
969. 그 외 기타 개인 서비스업								
9691. 세탁업	3	3	3	3	3	3	3	19
9692. 장례식장 및 관련 서비스업	2	2	2	2	2	2	2	20
9699. 그 외 기타 분류 안된 개인 서비스업	1	1	1	1	1	1	1	21

83, 85, 87페이지처럼 산업 세분류를 탐택할 수도 있습니다.
(1번은 가르치기였습니다. 비교 기준의 변별력이 낮아 보입니다.)

[표 9] 산업 세분류 탐택 예시 2 (재능 기준 비교)

한국표준산업분류 (소분류/세분류)	재능 기준 비교 (Yes or No)						
	1	2	3	4	5	6	7
715. 회사 본부 및 경영 컨설팅 서비스업							
7151. 회사 본부	✓	✓	✓	✓	✓	✓	✓
7153. 경영 컨설팅 및 공공 관계 서비스업		✓	✓	✓	✓	✓	✓
716, 7160. 기타 전문 서비스업		✓	✓	✓	✓	✓	✓
855, 8550. 일반 교습학원	✓						
856. 기타 교육기관							
8561. 스포츠 및 레크리에이션 교육기관	✓	✓	✓	✓	✓	✓	✓
8562. 예술학원	✓	✓	✓	✓	✓	✓	✓
8563. 외국어학원 및 기타 교습학원	✓	✓	✓	✓	✓	✓	✓
8564. 사회교육시설	✓	✓	✓	✓	✓	✓	✓
8565. 직원 훈련기관	✓	✓	✓	✓	✓	✓	✓
8566. 기술 및 직업 훈련학원	✓	✓	✓	✓	✓	✓	✓
8569. 그 외 기타 교육기관	✓	✓	✓	✓	✓	✓	✓
857, 8570. 교육 지원 서비스업		✓	✓	✓	✓	✓	✓
941. 산업 및 전문가 단체							
9411. 산업 단체	✓	✓	✓	✓	✓	✓	✓
9412. 전문가 단체	✓	✓	✓	✓	✓	✓	✓
949. 기타 협회 및 단체							
9491. 종교 단체	✓						
9492. 정치 단체		✓	✓	✓	✓	✓	✓
9493. 시민운동 단체		✓	✓	✓	✓	✓	✓
9499. 그 외 기타 협회 및 단체		✓	✓	✓	✓	✓	✓
969. 그 외 기타 개인 서비스업							
9691. 세탁업		✓	✓	✓	✓	✓	✓
9692. 장례식장 및 관련 서비스업		✓	✓	✓	✓	✓	✓
9699. 그 외 기타 분류 안된 개인 서비스업	✓	✓	✓	✓	✓	✓	✓

절차 5. 산업 세세분류 탐택

산업 세세분류도 세분류 탐택과 같은 방식으로 탐택할 수 있습니다.

[표 10] 산업 세세분류 탐택 예시 1 (ariose 기준 만족도 비교)

한국표준산업분류 (세분류/세세분류)	ariose 만족도 (각각 21점 만점)							순
	a	r	i	o	s	e	평균	
7151. 제조업 및 기타 회사 본부 (71511, 71519)	20	20	20	20	20	20	20	1
8550. 일반 교습학원								
85501. 일반 교과학원	19	19	19	19	19	19	19	2
85502. 방문 교육학원	18	18	18	18	18	18	18	3
85503. 온라인 교육학원	17	17	17	17	17	17	17	4
8561. 스포츠 및 레크리에이션 교육기관								
85611. 태권도 및 무술 교육기관	16	16	16	16	16	16	16	5
85612. 기타 스포츠 교육기관	15	15	15	15	15	15	15	6
85613. 레크리에이션 교육기관	14	14	14	14	14	14	14	7
85614. 청소년 수련시설 운영업	13	13	13	13	13	13	13	8
8562. 예술학원								
85621. 음악학원	12	12	12	12	12	12	12	9
85622. 미술학원	11	11	11	11	11	11	11	10
85629. 기타 예술학원	10	10	10	10	10	10	10	11
8563. 외국어학원 및 기타 교습학원 (85631, 85632)	9	9	9	9	9	9	9	12
8566. 기술 및 직업 훈련학원								
85661. 운전학원	8	8	8	8	8	8	8	13
8569. 컴퓨터 및 기타 교육기관 (85691, 85699)	7	7	7	7	7	7	7	14
9493. 환경 및 기타 시민운동 단체 (94931, 94939)	6	6	6	6	6	6	6	15
9699. 그 외 기타 분류 안된 개인 서비스업								
96991. 예식장업	5	5	5	5	5	5	5	16
96992. 점술 및 유사 서비스업	4	4	4	4	4	4	4	17
99693. 개인 간병 및 유사 서비스업	3	3	3	3	3	3	3	18
96994. 결혼 상담 및 준비 서비스업	2	2	2	2	2	2	2	19
96995. 애완 동물 장묘 및 보호 서비스업	1	1	1	1	1	1	1	20

※ [표 9]에서 세분류명·세세분류명이 같거나, 세세분류명이 기타인 산업은 일부 제외했습니다.

83, 85, 87, 89페이지처럼 산업 세분류를 탐색할 수도 있습니다. 비교 기준이 더 이상 유의미하지 않으면 새로운 기준을 추가합니다.

[표 11] 산업 세세분류 선택 예시 2 (재능 기준 비교)

한국표준산업분류 (세분류/세세분류)	ariose 만족도 (각각 21점 만점)						
	1	2	3	4	5	6	7
7151. 제조업 및 기타 회사 본부 (71511, 71519)							
8550. 일반 교습학원							
85501. 일반 교과학원							
85502. 방문 교육학원							
85503. 온라인 교육학원	✓	✓	✓	✓	✓	✓	✓
8561. 스포츠 및 레크리에이션 교육기관							
85611. 태권도 및 무술 교육기관							
85612. 기타 스포츠 교육기관							
85613. 레크리에이션 교육기관							
85614. 청소년 수련시설 운영업	✓	✓	✓	✓	✓	✓	✓
8562. 예술학원							
85621. 음악학원							
85622. 미술학원							
85629. 기타 예술학원							
8563. 외국어학원 및 기타 교습학원 (85631, 85632)							
8566. 기술 및 직업 훈련학원							
85661. 운전학원							
8569. **컴퓨터 및 기타 교육기관 (85691**, 85699)	✓	✓	✓	✓	✓	✓	✓
9493. 환경 및 **기타 시민운동 단체** (94931, **94939**)	✓	✓	✓	✓	✓	✓	✓
9699. 그 외 기타 분류 안된 개인 서비스업							
96991. 예식장업							
96992. 점술 및 유사 서비스업							
99693. 개인 간병 및 유사 서비스업							
96994. 결혼 상담 및 준비 서비스업							
96995. 애완 동물 장묘 및 보호 서비스업							

※ 7가지 재능 비교 기준 외 내담자의 전공·경험·비대면 업무 선호도가 고려되었습니다.
   (청소년 관련 전공, 컴퓨터 학원 파트타임 경력, 인적 교류 불안감 등)

내용 · 방법

모든 일에는 내용과 방법이 있습니다.
  내용은 '무엇을', 방법은 '어떻게'라는 말입니다.
    '누가' · '왜'는   내용 · '무엇을'과 더 가깝고,
    '언제' · '어디서'는 방법 · '어떻게'와 더 가깝습니다.

진로에도 내용과 방법이 있습니다.
  산업은 내용, 직무는 방법과 가깝습니다.
    내용은 누가 무엇을 필요로 해?, 그게 뭔데?, 왜?,
    방법은 그거 어떻게 만들어?, 난 뭘 하면 돼? 하는 식입니다.

  전문성도 떡볶이 팔 때 다르고, 반도체 팔 때 다릅니다.
  지식에도 내용(명제적) 지식, 방법(절차적) 지식이 있습니다.

  개성(적성, 재능, 성격 등)은 방법 · 직무 선택에 잘 맞습니다.
    가치사슬의 고리를 선택할 때는 잘 맞습니다.
        가치를 선택할 때는 잘 맞는다고 말하기 어렵습니다.

내용이(가치 · 산업) 방법(고리 · 직무)에 영향을 줍니다.
  직무가 세분될수록, 일을 오래 할수록, 전문성이 깊어질수록,
  그 일의 목적 · 대상 · 내용에 따라 활동 내용이 변하고,
  적성 · 성공 · 만족의 차이가 깊어집니다.

개성 · Personality

개성이란 다른 사람과 구별되는 우리 각자의 정체성입니다.
    개성에는 우열이 없습니다. 맥락적인 유불리만 있습니다.
    상황에 따라 유리하면 강점(적성), 불리하면 약점이 됩니다.
    상황이라는 말은 관점 · 목적 · 용도 · 쓸데라고도 하고,
              산업 · 직업 · 직무 · 직무 활동이라고도 합니다.

쓸데 · 일에 따라 우리 개성의 쓸모가 · 적성이 달라집니다.
    우리가 A와 B라는 개성을 가지고 있을 때
    같은 직무 안에서도 이런 활동에는 개성 A가 적성이 되고,
            저런 활동에는 개성 B가 적성이 됩니다.
    정해진 "적성"은 없습니다. 예를 들어, 어떤 매력은 태도 · 자세로,
    지구력은 속도, 정확성은 반복, 섬세함은 측정 등으로 극복됩니다.

산업 〉 직업 〉 직무 〉 역할 · 기능 〉 책무 · 과제 〉 활동 순으로
상황 · 쓸데 · 일이 구체적이고 자세해질수록
우리에게 요구되는 "적성" 발휘 강도가 점점 더 증가합니다.

다양한 직무활동을 묶어서 한 개의 직업 · 직무로 비교하기보다,
일일이 하나하나 꼼꼼하게 살펴보는 일 더 많으시길 빕니다.

없는 · 약한 개성을 개발하는 건 많은 힘 · 시간을 요구합니다.
같은 충격을 받아도 더 쉽게 깨지고 · 아프고 · 더디게 아뭅니다.
그만한 가치가 있는지 꼭 먼저 확인한 후에 시도하시길 빕니다.

절차 6. 직장 탐택

직장 탐택은 산업 탐택의 끝이자 직무 탐택의 시작입니다.
산업을 탐택하듯 직장도 탐택할 수 있습니다. 리스트가 필요합니다.
산업 세세분류 속에 직장들이 모여 있습니다.

직장 탐택의 목표는 크게 두 개입니다.
1. 직무가 가장 세련·세분된 직장이 어딘가?
   (~ 선택한 산업·시장 내 Top Player가 누군가?)
   인터넷에서 업종별 기업 매출·이익 등을 검색해 봅니다.
   매출·이익 등의 순서로, Top n개의 직장 목록을 만듭니다.
   보통 매출이 커지면 직무도 세분화·전문화됩니다.
   직무 탐택을 위한 참고용 선택지로 활용합니다.

2. 나에게 가장 매력적인 직장은 어떤 직장인가?
   선택한 산업 내 1등 직장부터 n/m 개씩 끊어 비교합니다.
   비교 기준은 ariose 추천합니다. 다른 기준도 가능합니다.
   필요하시면, 출·퇴근 소요 시간을 기준으로 비교해도 됩니다.

   산업 비교표처럼 직장도 비교표를 만들어 평가합니다.
   최종적으로 이상적인 직장을 $5 \pm \alpha$ 개 고릅니다.
   선택한 직장의 채용 공고를 장·정기적으로 검색합니다.
   공고에서 더 자세한 정보를 탐색하며 입직 준비에 참고합니다.

[표 12] 직장 탐택 예시 (85503. 온라인 교육 학원, 총 34개 기업)

온라인 교육 학원 분류 기업(가칭)	ariose 만족도 (각각 34점 단점)							순
	a	r	i	o	s	e	평균	
일등이	34	34	34	34	34	34	34	1
이등께서	33	33	33	33	33	33	33	2
삼등에서	32	32	32	32	32	32	32	3
사등은	31	31	31	31	31	31	31	4
오등을	30	30	30	30	30	30	30	5
육등에게	29	29	29	29	29	29	29	6
칠등께도	28	28	28	28	28	28	28	7
팔등한테도	27	27	27	27	27	27	27	8
구등보다	26	26	26	26	26	26	26	9
십등으로	25	25	25	25	25	25	25	10
십일등으로써	24	24	24	24	24	24	24	11
십이등이라고	23	23	23	23	23	23	23	12
십삼등과	22	22	22	22	22	22	22	13
십사등이랑	21	21	21	21	21	21	21	14
십오등에	20	20	20	20	20	20	20	15
십육등같이	19	19	19	19	19	19	19	16
십칠등처럼	18	18	18	18	18	18	18	17
십팔등만큼	17	17	17	17	17	17	17	18
십구등만치	16	16	16	16	16	16	16	19
이십등도	15	15	15	15	15	15	15	20
이십일등만	14	14	14	14	14	14	14	21
이십이등마저	13	13	13	13	13	13	13	22
이십삼등조차	12	12	12	12	12	12	12	23
이십사등일랑	11	11	11	11	11	11	11	24
이십오등인들	10	10	10	10	10	10	10	25
이십육등이지만	9	9	9	9	9	9	9	26
이십칠등일뿐	8	8	8	8	8	8	8	27
이십팔등치고	7	7	7	7	7	7	7	28
이십구등밖에	6	6	6	6	6	6	6	29
삼십등인즉	5	5	5	5	5	5	5	30
삼십일등인대로	4	4	4	4	4	4	4	31
삼십이등이나	3	3	3	3	3	3	3	32
삼십삼등이란	2	2	2	2	2	2	2	33
삼십사등이나마	1	1	1	1	1	1	1	34

[그림 1] 기업공시채널 검색 예시 (교육 서비스업)

[그림 2] 공공데이터포털 검색 예시 (기업 매출)

[그림 3] 중소기업현황정보시스템 검색 예시 (온라인 교육 학원)

※ [그림 3]은 부분 편집된 화면입니다. 실제 화면과 똑같지 않습니다.

[그림 4] 전자공시시스템 기업개황 검색 예시 (온라인 교육 학원)

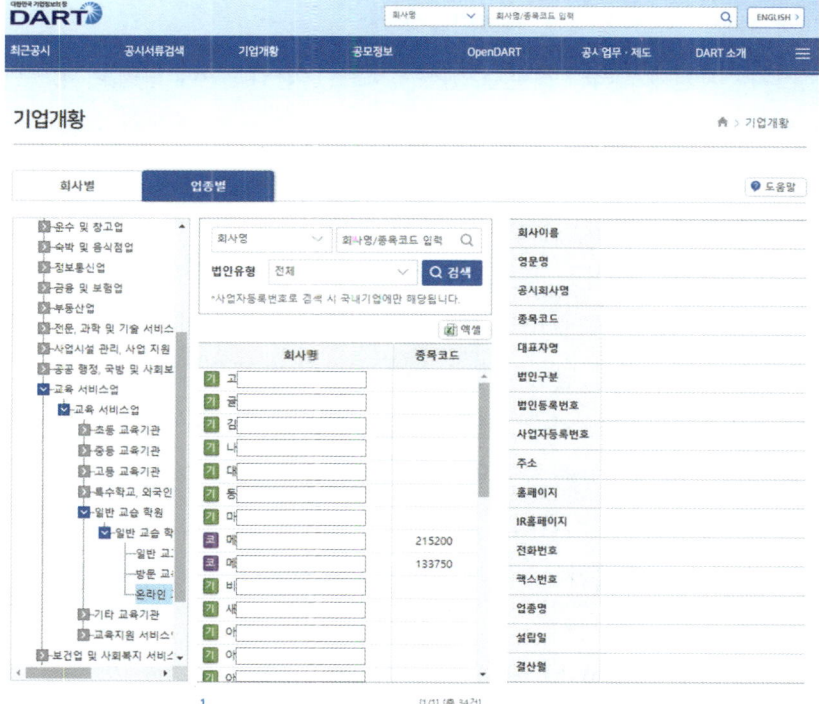

경제적 보상의 차이가 삶의 행복에 미치는 차이는
보이는 것보다, 말씀드릴 수 있는 것보다 작습니다.
보상은 보통 성장이 되지만, 새로운 결핍이 될 때도 있습니다.
보상은 최댓값보다 최솟값이 더 중요합니다.
우리에게 필요한 보상 최솟값은 최우선 비교 기준이 됩니다.
최댓값은 다른 더 중요한 기준 선적용 후 비교합니다.

절차 7. 사업부 탐택

직장은 하나의 거대한 가치 사슬입니다.
크게 4개의 사슬 뭉치로 관리됩니다.
  기획 · 지원 〉 연구 · 개발 〉 생산 · 제조 〉 영업 · 판매 순입니다.
  ○○ (본)부 · (지)점 · 실 · 원 · 단 · 소 · 센터 등으로 표현됩니다.

사업부는 규모, 가치 · 역량 · 역할, 협력 방식, 지역, 어감 등에 따라
분리 · 통합되기도 하고, 순서 · 비중 · 이름이 달라지기도 합니다.
산업 · 사업 · 전략 등에 따라 '아' 다르고 '어' 달라지기도 합니다.
  IT 프로그램 개발 담당자의 소속이 개발인지 생산인지,
  디자인 담당자의 소속이 연구 · 생산 · 지원 · 영업 중 어디인지는
  직장 · 산업마다 다를 수, 우리 생각 · 기대와 다를 수 있습니다.

  동일 직무 담당자가 여러 부서에 흩어져 있을 수도 있습니다.

  영업 · 판매 활동이 별 차이 없는 직장도 있을 수 있고,
          큰 차이 있는 직장도 있을 수 있습니다.

직장마다 다른 사업부 구조 · 명칭을 서로 비교해야 할 때도 있습니다.
  사업부의 output은 다른 사업부의 input이 됩니다.
  사업부 탐택 과정에서 (필요에 따라) 어떤 역할이 강조되는지,
  전체 가치 사슬에서 어떤 input · output을 주고받는지 봅니다.

사업부를 탐색할 때는 조직도 · 부서/직무 소개 등을 참고합니다.
전문 분야별로 특정 가치 창출 구조 · 모델 등을 배우신다면,
그 지식을 활용할 필요도 있습니다.
    예를 들어 교육공학 · HRD 분야에서는 ADDIE 모형을 씁니다.
    A.분석 - D.설계 - D.개발 - I.적용 - E.평가 관점에서
    교육 조직의 구조를 보고, 매력적인지 판단해 볼 수 있습니다.

조직 구성 방법에는 크게 두 가지 유형이 있습니다.
1. 인문대 · 자연대 · 공대 · 법대 · 의대 · 상대 · 사회대 · 음대 ·
   미대 · 체대 · 사범대 같은 서비스 내용별 최적화 유형,
2. 기획 · 지원 〉 연구 · 개발 〉 생산 · 제조 〉 영업 · 판매 같은
   서비스 방법별 최적화 유형이 있습니다.
   두 가지 방법 모두 쓰이지만, 상하 · 선후가 다를 수 있습니다.
   어떤 조직 구조가 더 매력적인지는 우리 결핍에 달려있습니다.

원하는 사업부에 입직 못 해도 경력이 쉽게 망가지지는 않습니다.
회사마다 정도는 달라도 전환 배치가 있고,
일만 잘하면 핵심인재육성 루트를 타고 전 사업부 순회도 합니다.
우리 경력개발계획에 따라, 직무경험 순서 문제일 때도 있습니다.
직무가 같다면, 경력 개발 목표가 총체적 역할 · 책임 전문가라면,
경험의 대부분은 뼈가 되고 살이 됩니다. 천명일 때도 있습니다.

[그림 5] 가치 사슬 모델 예시 (마이클 포터)

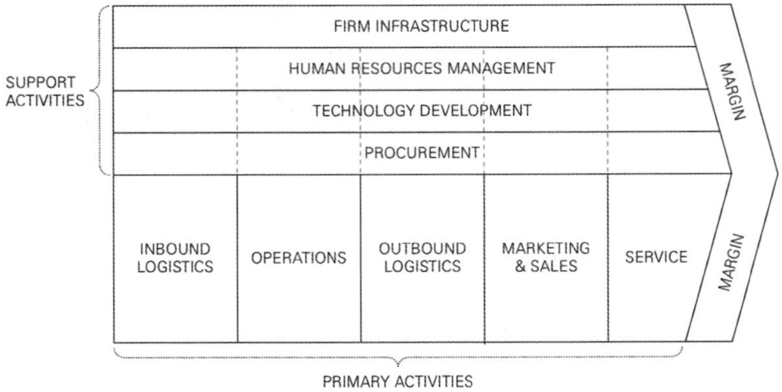

```
                  ┌─────────────────────────────────────────────┐
                  │           FIRM INFRASTRUCTURE               │╲
   SUPPORT     ┌  ├─────────────────────────────────────────────┤ ╲ MARGIN
  ACTIVITIES  ┤   │        HUMAN RESOURCES MANAGEMENT           │  ╲
              └   ├─────────────────────────────────────────────┤   ╲
                  │          TECHNOLOGY DEVELOPMENT             │   ╱
                  ├─────────────────────────────────────────────┤  ╱
                  │              PROCUREMENT                    │ ╱ MARGIN
                  ├──────────┬──────────┬──────────┬─────────┬──┤╱
                  │ INBOUND  │OPERATIONS│ OUTBOUND │MARKETING│SERVICE│
                  │ LOGISTICS│          │ LOGISTICS│ & SALES │       │
                  └──────────┴──────────┴──────────┴─────────┴───────┘
                                   PRIMARY ACTIVITIES
```

※ 출처: 위키미디어 커먼즈, Michael Porter's Value Chain.svg

[표 13] 마이클 포터의 가치 사슬 모델과 직군 비교

마이클 포터의 가치 사슬 모델		직군
Primary Activities · 주요 활동	Inbound Logistics · 구매물류: 원재료 구입, 검수, 보관, 재고관리, 생산현장 출하 등	생산
	Operations · 제조: 가공, 포장, 조립, 장비유지, 검사 등	
	Outbound Logistics · 출하물류: 창고관리, 주문접수, 배송, 유통관리 등	
	Marketing and Sales · 마케팅과 판매: 가격결정, 채널 선정, 광고, 프로모션, 판매, 매장운영/관리 등	영업
	Service · 서비스: 설치, 수리, 고객 지원, 기술자 훈련, 업그레이드 등	
Support Activities · 지원 활동	Firm Infrastructure · 기업 하부구조: 관리, 기획, 법무, 재무, 회계, 홍보, 품질관리 등	지원
	Human Resource Management · 인적자원관리: 선발, 교육, 보상 등	
	Procurement · 조달(구매): 원료, 서비스, 부품, 건물, 설비 등	
	Technology Development · 기술개발: 연구개발, 설계, 자동화 등	연구

※ 직군 비교 내용은 개인적인 의견입니다. 회사마다, 전문가마다 의견이 다를 수 있습니다.

[그림 6] 직장 조직도 예시

※ 출처: 위키미디어 커먼즈, lmg krOrgan2021 02.gif

절차 8. 팀 탐택

팀 탐택은 실제 수행하게 될 직무 성격을 결정하는 단계입니다.
팀은 조직 성과관리의 기본 단위입니다.
팀의 명칭·구성을 통해
그 직장·직무에 대한 이해도를 높일 수 있습니다.

　예를 들면
　인사교육팀보다 인사팀·교육팀의 직무 세분화·전문화의 차이,
　직무가 요구하는 적성 발휘 강도의 차이가 더 클 수 있습니다.

　인사 담당자와 교육 담당자가 같은 팀인데
　팀 이름이 인사팀이면 인사업무 비중이 더 클 수 있습니다.
　교육 담당자도 보조적으로 인사업무를 경험할 수 있습니다.

　인사 담당자만으로 구성된 팀인데
　팀 이름이 인사팀이 아니라 인재개발팀이면
　인사관리보다 인사기획 업무 비중이 더 클 수 있습니다.

팀의 명칭, 구성은 직장마다 다를 수 있습니다.
매출·인력규모·전략·문화(업무방식, 철학)·산업 특성 등에 따라
최적화된 경영의사결정의 결과입니다. 비전일 때도 있습니다.
그냥 '그런 덴가?' 하기보다 눈여겨보는 일 더 많으시길 빕니다.

절차 9. 파트 탐택

파트 탐택은 실제 수행하게 될 업무 성격을 결정하는 단계입니다.

파트도 조직 성과관리 단위입니다.
팀원이 많거나, 팀 내 역할과 책임을 크게 구분할 때 만듭니다.

사업부를 탐택할 때처럼 파트를 탐택할 때도
조직 구성 방법을 참고할 필요가 있습니다.

   예를 들어 같은 교육팀이라도
   1. 교육기획파트 · 교육운영파트,
   2. 집합교육파트 · 온라인교육파트,
   3. 조직문화파트 · 리더십파트 · 학습조직파트,
   4. 공통 · 영업 · 생산 · 연구교육파트 등 구성이 다를 수 있습니다.

   1 · 2번은 서비스 방법 최적화 우선 구성이고,
   3 · 4번은 서비스 내용 최적화 우선 구성입니다.

같은 직무라도 파트에 따라 업무의 input · output이 달라집니다.
지원 전에 잘 따져 보고 의견 내는 일 더 많으시길 빕니다.
파트도 사업부처럼 전환 배치됩니다. 비교적 더 자주 · 쉽게 됩니다.
원치 않는 파트 배정에 너무 실망하는 일 잘 없으시길 빕니다.

절차 10. 직무 탐색

팀·파트를 선택하면 사실상 직무가 거의 결정됩니다.
그런데도 직무를 탐색하는 이유는
1. 유사 직무들의 실제 ariose 매력을 확인·비교하고
2. 가장 매력적인 직무 능력·역량을 확인하여, 입직을 준비할 때 직무능력개발(입직 준비) 계획에 반영하기 위함입니다.
3. 동일 직무 내 차별화할 전문성(경쟁력·핵심역량)을 선택해서, 나중에 경력개발(이직·창업 준비) 방향에 반영하기 위함입니다.

1. 직무는 역할/기능 ∋ 책무/과제 ∋ 업무 ∋ 활동으로 구성됩니다.
   직무의 ariose 매력 확인은 활동·activity부터 시작합니다.
   그다음 활동별 투입(i)·산출물(o)의 매력을 확인합니다.
         (사람·사물·사실·사리, 성과평가 기준·방법)
   그다음 만족(s), 환경(e)과 비교해도 매력적인지 확인합니다.
         (대상·결핍·해소방법, 외부도전·내부극복·개인성장)
   끝으로 보답(r, 경제·사회·인간적 성장 기회들)과 비교합니다.

2. 직무 ariose가 매력적이라면 activity를 더 자세히 살펴봅니다.
   개별 활동에 필요한 직능(ASK: 태도·스킬·지식)을 확인합니다.
   만족·환경을 참고하며 산출물의 효과·영향을 확인합니다.
   이를 토대로 직능들 중 가장 중요한 능력·최상위 능력 또는
   그 직능 발휘에 가장 바탕이 되는 능력, 역량을 확인합니다.

3. 직무의 역할/기능 ⊇ 책무/과제 ⊇ 업무 ⊇ 활동 ⊇ 역량 ⊇
   직능(태도·스킬·지식) 중에서 핵심역량을 하나 고릅니다.
   보통 과제·역량 수준에서 많이 나타나지만, 아닐 때도 있습니다.

   핵심역량은 직무 성과에 결정적인 영향을 주는 것이어야 합니다.
   입직·(T/F)선발·전직·창업 등의 고민을 할 때 영향을 줍니다.

산업·시장·기술의 성숙도, 직무 성격 등에 따라
입직할 때 이렇게까지 직무를 탐색할 필요가 없을 수도 있고,
오히려 이보다 더 깊이·심각하게 고민해야 할 수도 있습니다.

국가직무능력표준·NCS에는 다양한 직무 정보가 있습니다.
특히 학습모듈, 직무기술서 등의 자료는 직무 탐색에 도움이 됩니다.
NCS만으로 충분하지 않을 수 있습니다. 다른 정보도 탐색합니다.

직무를 활동으로 조각내는 건   Task·과제 분석,
활동을 직능으로 조각내는 건   Subject·주제 분석,
직능에서 역량을 도출하는 건 Competency·역량 분석입니다.
직무 탐색은 어렵게 보면 어렵지만 꼭 어렵게 할 필요는 없습니다.
과제·주제·역량 분석은 최적화가 답입니다.
직장에서 분석하면 직장, 우리가 분석하면 각자 최적화가 답입니다.

[그림 7] NCS 직무 탐색 예시 1 (두피·모발 관리, 능력단위)

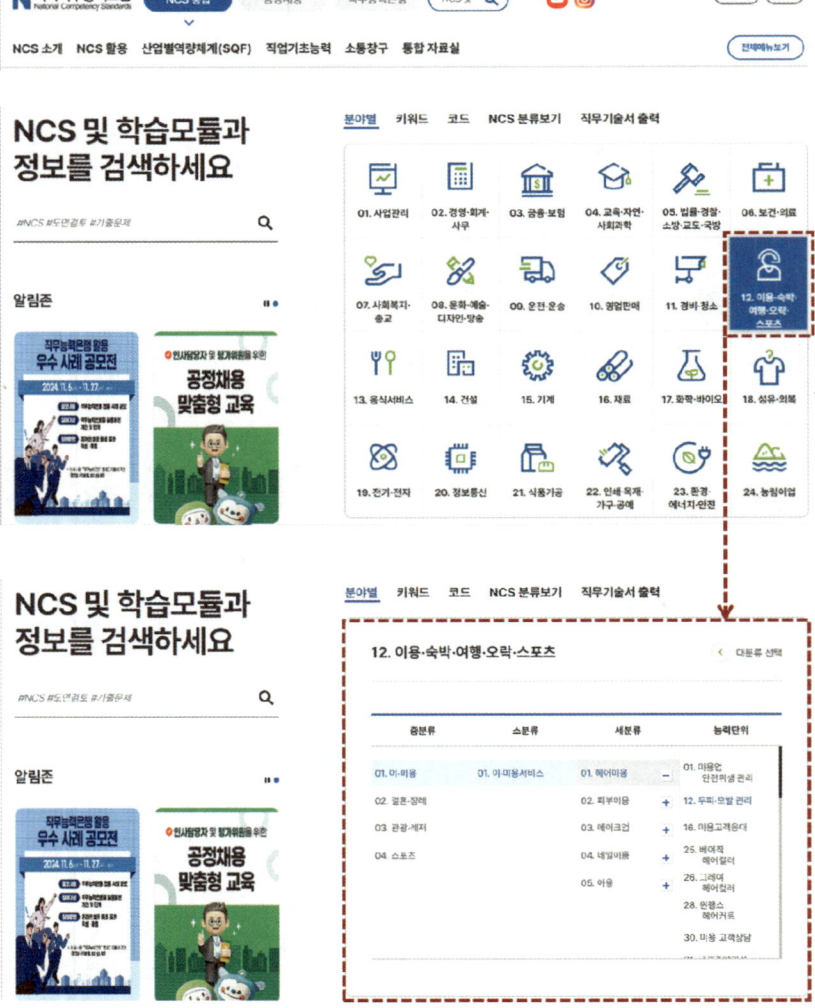

[그림 8] NCS 직무 탐색 예시 2 (두피·모발 관리, 학습모듈)

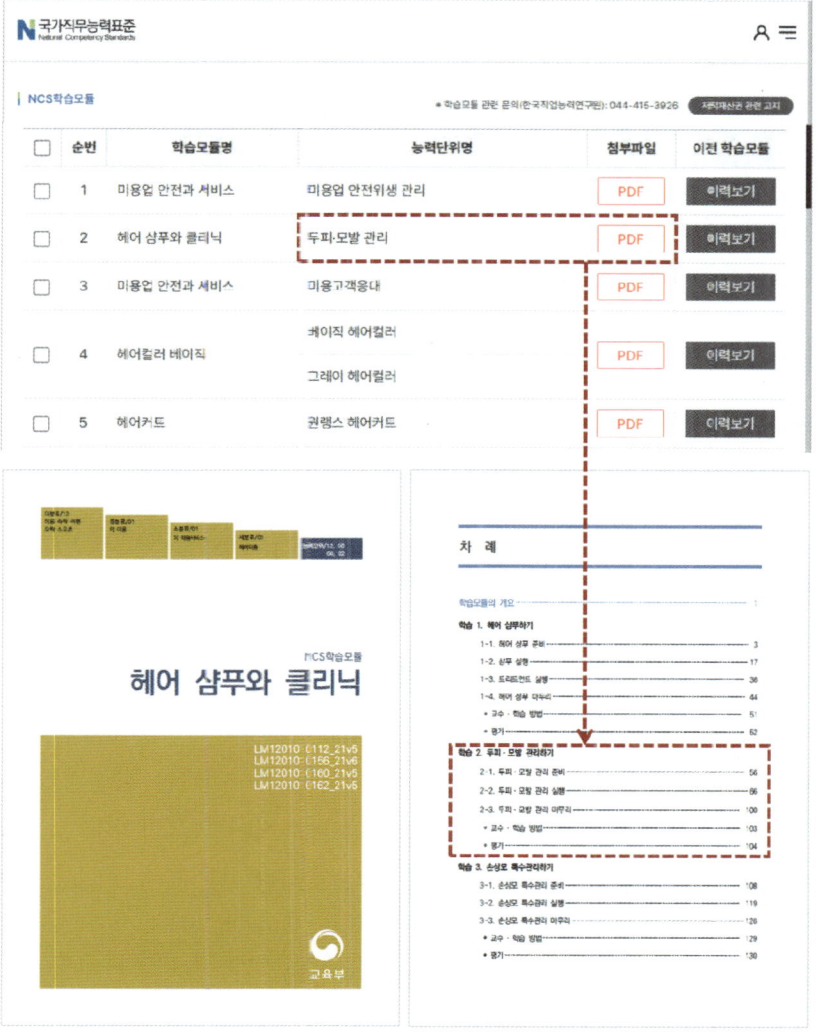

선(先) 직무 탐택

선 산업 선택, 후 직무 선택을 추천드립니다.
  같은 직무도 직무 전문성이 높아지면,
  산업 · 일의 목적/대상/내용 · 결핍/대상/해소방식에 따라
  업무활동 · 적성 · 성공 · 만족의 차이가 깊어질 수 있기 때문입니다.

선 직무 선택, 후 직장(산업) 선택하실 때는
직무 대신 직업을 먼저 탐택할 수 있습니다.
  이때는 한국표준산업분류(KSIC) 대신
  한국 고용 또는 표준 직업분류(KECO · KSCO)를 활용합니다.
  표를 만들거나, 해당 직업 · 직무를 정의하는 활동은
  산업 탐택과 같은 방식으로 진행합니다.

직업은 '유사한 직무들의 묶음'입니다.
직업 선택에서 진로 선택을 멈추시면
같은 직업 내 유사한 직무들은 선택되지 않은 상태가 됩니다.

직무가 유사하다는 말이 직무 각각의 매력도 유사하다는 말인지,
     유사하다는 말이 뭘 해도 똑같이 매력적이라는 말인지,
여기서 만족해도 되는지 꼭 확인해 보시기 바랍니다.
매력이 같을 땐 입직이 유리한 일,
    다를 땐 더 매력적인 일을 선택합니다.

직능 수준

고용·표준 직업분류에는 직능 유형·직능 수준의 개념이 등장합니다.
직능 유형은 사업부·직군 등과 결이 같은 말입니다.
직능 수준은 경력개발 단계와 결이 같은 말입니다.
    최종 진로목표·입직목표·경력개발경로를 선택할 때,
    특히, 고등학교 졸업 후 진로를 고민할 때 참고합니다.
     우리에게 매력적인 일을 먼저 찾은 후,
     그 일이 요구하는 직능 수준을 보고
     진학·취업을 결정합니다.

직능 수준은 보통 1수준에서 4수준으로 높아집니다.
 직능 1수준은 초등학교   / ISCED 1,
 직능 2수준은 중학교   / ISCED 2,
     고등학교   / ISCED 3,
     추가 직업훈련 코스 / ISCED 4,
 직능 3수준은 전문대학   / ISCED 5,
 직능 4수준은 대학교   / ISCED 6 이상의
교육·훈련이 필요함을 의미합니다.
ISCED는 국제표준교육분류(유네스코, 2011)입니다.[1]

---

1) 한국고등교육센터(KARIC) 홈페이지 〉 한국고등교육 〉 교육제도 〉
 국제표준교육분류(ISCED-2011)

내재화 · internalization

진로탐택 10단계 절차가 모두 끝나면
10개의 비교표, 각 표별 1등 선택지의 정의 · 이유가 만들어집니다.
선택하기 전에는 기준이었지만 선택한 후에는 이유라고 부릅니다.

1에서 10까지 각 단계별 선택지 정의 · 선택 이유를 정리합니다.
단계별 중간 산출물들이 다음 단계로 잘 이어지는지 흐름을 봅니다.
흐름이 바뀌는 구간이 있으면, 이전 또는 이후 과정을 보완합니다.

선택지 · 기준에 대한 정보를 찾았던 과정 · 출처도 정리합니다.
다방면으로 참여하고 · 물어보고 · 찾아보고 · 체험했던 모든 과정이
면접 때 "이 일을 찾기 위해 기울인 노력 · 열정 · 진정성"이 됩니다.
그리고, 절차별 산출물들은 1차 포트폴리오가 됩니다.
   특히 직무에 대한 과제 · 주제 · 역량분석 내용,
                  활동 순서, 활동별 input · output은
   우리에게 최적화된 직무 수행 절차서 · 품질 매뉴얼이 됩니다.
   입직 후에 계속 배경 · 심화 · 확장 학습(자기개발)합니다.

정리한 내용을 바탕으로
최종 선택이 우리 자신 · 부모님 · 선생님 · 평가자에게 설득력 있는지
스스로 · 실제로 질문을 던지고 답하면서
누락된 · 부족한 절차 · 정의 · 기준 · 정보가 없는지 확인 · 보완합니다.

예를 들면 이런 질문들을 던져 볼 수 있습니다.
1. 이 일이 무슨·뭐 하는 일이라고 생각합니까?
2. 왜 이 일을·직장을 선택했습니까? (왜 하고 싶습니까?),
3. 왜 이 일에 당신이 적합하다고 생각합니까? 또는
   왜 이 일이 당신에게 적합하다고 생각합니까?
4. 입직 후 동료·직장은 당신에게 무엇을 기대할 수 있습니까?
5. 이 일을 구체적으로 어떻게 하고 싶습니까?
6. 입직 후 포부·비전이 있습니까?, 뭡니까?
7. 부적합한 개성이나 부족한 능력 보완 계획이 있습니까?
8. 이 일에, 이 일의 끝에 무엇을 기대하고 있습니까?

여유가 된다면 (미래의) 가족, 친구, 연인, 이웃, 사회, 인류를 두고
그분들이 우리에게 무엇을 기대할 수 있는지,
누군가 "누구신지, 뭐 하시는 분이신지, 그동안 뭘 하셨는지" 물으면
어떻게 답변하면 좋을지도 상상해 봅니다.

이런 질문과 답을 중학교 졸업 전에 한 번,
　　　　　　고등학교 졸업 전에 한 번,
　　　　　　대학교 졸업 전에 한 번,
　　　　　　이력서 내기 전에 한 번,
　　　　　　사업계획서 내기 전에 한 번 해 봅니다.
　　　　　　가능하면 더 자주 해 봅니다.

생애 진로 탐택

진로를 선택한다는 말은
우리가 삶의 결핍을 어떻게 해소하면 좋을지 선택한다는 말입니다.
뭔·누군가가 없어·모자라 못 살 것 같은 걱정이 없는,
편안하고 좋은 기분이 쉽게 흔들리지·바뀌지 않는, 행복한 순간을
더 자주·오래 경험할 삶의 경의모형을 선택한다는 말입니다.

진로 선택은 빨리하기 어려울 때가 많은 선택입니다.
    탐색·선택·경험 시점 사이를 좁히기 힘든 선택입니다.
    메뉴 선택보다 어렵고, 힘들고, 오래 걸립니다.
    삶의 모든 선택 중 불확실성이 가장 높은 편입니다.
    날이 새고, 달이 가고, 해가 지고, 앞이 안 보일 때까지
    평생 반복·누적되는 활동입니다.

진학·입직할 때가 다 차서 급하게 선택되는 진로는 안쓰럽습니다.
진로는 우리에게 "나만 믿어."라며 자신 있게 말하고 싶어 합니다.
처음 보는 진로가 믿으란다고 손부터 덥석 잡는 건 추천 못 합니다.
"누구신지, 뭐 하시는 분이신지" 의심해·물어봐야 합니다.

진로 선택은 탐색·선택·경험 시점 사이가 멀수록 좋습니다.
좋은 점·안 좋은 점, 볼꼴·못 볼꼴 다 보고,
냄새 맡고, 입에 넣어·씹어·삼켜·소화해 보고 선택하면 좋습니다.

진학·입직할 때가 다 차서 진로를 선택할 때는 여유가 없습니다.
직접 경험은 시간이 오래 걸립니다.
간접 경험 위주로 탐택합니다.

진학·입직할 때가 아직 멀어서 진로 선택의 여유가 있을 때는
직접 경험 위주로 탐택할 수 있습니다. 그렇게 합니다.
직접 경험이 부담 없는, 즐거운 시절은 이때밖에 없습니다.

진로 선택은 무거운 말이지만, 진로 탐색 활동은 그보다 가볍습니다.
진로 탐색은 나이가 많을수록 무거워지고,
               어릴수록 가벼워집니다.

진로 선택 활동은 일찍 시작할수록, 장기·일관적일수록 유익합니다.
최종 진로 목표를 일찍 설정할수록,
학업·진학 등 수많은 선택을 더 알뜰하게 만들 수 있습니다.

진로 선택 활동은 우리가 하는 다른 일·공부와 곱쳐집니다.
다양한 삶의 경험·의미·모습·형편을 두루 살피는 활동입니다.
졸업 후 행복의 50% 정도를 규정할 삶의 모형을 만드는 활동입니다.
우리 마음·머리·몸을 움직일 방향을 정하고, 거리를 재고,
               시간을 아껴 남기는 활동입니다.

Top Down 탐택

생애진로탐택은 생애단계마다 탐택 대상·내용·주제·수준을
아래와 같이 계획·탐색·선택하면 좋겠습니다.

생애단계	대상	내용	주제	수준[1]
유아기	산업 대분류	arioSe	만족·satisfaction	기억
초등학생	산업 중분류	ariOse	산출·output	이해
중학생	산업 소분류	arIose	투입·input	응용
고등학생	산업 세분류	Ariose	활동·activity	분석
대학생	산업 세세분류	ariosE	환경·environment	평가
취준생	직장~직무	aRiose	보답·reward	평가
창직·업	신산업	ariose	ARIOSE	창조

탐택할 때마다
1. 누구의   2. 무슨 결핍이   3. 어떻게 해소되도록,
4. 어떤 환경에서   5. 무슨 역할을 맡아   6. 어떻게 책임지고,
7. 뭘·누군가와   8. 어떤 활동으로   9. 무엇을 만들어 내어
10. 어떤 보답으로 얼마큼 성장하고 싶은지 진로를 정의하고,
생애단계마다 이전 단계 정의를 계속 보완·발전시키면 좋습니다.

1) 목표분류이론(Taxonomy), 블룸(Bloom)

앞선 산업·직무 탐택에서는 절차별 대상 중 원픽만 정의했지만,
생애진로탐택할 때는 절차별 대상 중 Top 5+α까지 정의합니다.
우리도, 대상도 계속 변화하기 때문입니다.
가능하면, 자기 선택이 확립될 때까지는, 최대한 많이 정의합니다.

앞선 산업·직무 탐택에서는 우리의 진로 정의가
       선택지의 원픽 정의와 같았지만,
생애진로탐택할 때는   우리의 이상적인 진로 정의를
       따로 하나 더 만듭니다.

그러면 진로탐택 산출물은 정의가 1개 늘어나게 됩니다.
최종 산출물은 단계별 Top 5+α+1개의 정의와
      Top 5+α개의 이유가 됩니다.

생애진로탐색할 때에도 산업·직무 탐택할 때처럼
절차별 비교, 대상 및 기준 정의 과정과 결과를 누적관리합니다.
절차별 선택지 정의의 연속성을 정기적으로 검토하고,
흐름의 일관성을 유지·보완하며,
우리의 성장·인식·선택기준·선택기준의 비중 변화,
선택한 진로의 최신 정보·트렌드·패러다임 변화를 반영합니다.
특히 우리의 이상적인 진로 정의를 집중 관리합니다.

진로 정의

한때 '성공하는 사람들의 일곱 가지 습관' 등을 시작으로,[1]
개인별 사명·비전을 수립하는 자기 관리 유행이 있었습니다.
지금은 그 유행이 많이 사그라들었으나, 사실 여전히 유효합니다.

직장들 사이에서도 사명·비전을 수립하는 유행이 있었습니다.
'Good to Great' 등이 시작이었습니다.[2]
지금은 그 유행이 조금 사그라들었으나, 사실 여전히 유효합니다.
　대부분의 직장은 경영활동의 일환으로
　비전체계: 비전/경영목표 〉 전략목표 〉 전략 〉 전략과제…,
　가치체계: 사명/경영이념 〉 핵심가치 〉 행동원칙 등을 고민합니다.
　산업별 Top Player들은 구체화·명문화·내재화시킵니다.

진로 정의는 개인·직장용 다용도 사명·비전 통합 버전쯤 됩니다.
　우리가 화폐를 모으는 시간만큼은, 스스로를 보호하기 위해서라도,
　'나는 누구, 여긴 어디, 지금 뭐 하고 있지, 왜?'에 대한 인식을
　단단하게 다질 필요가 있습니다. 진로 정의가 도움이 됩니다.

진로 정의는 진로 목표를 선택하는 데에도,
　직장 내 성공·경력개발 관리·창업을 고민하는 데에도,
　사회·공동체 구성원·규칙 등을 이해하는 데에도 도움이 됩니다.

1) 성공하는 사람들의 7가지 습관, 스티븐 코비
2) 좋은 기업을 넘어 위대한 기업으로, 짐 콜린스

Top Down · Bottom Up

탐택에는 Top Down 방식과 Bottom Up 방식이 있습니다.
  TD은 내리기 · 파기 · 뚫기 · 조각내기,
  BU은 올리기 · 쌓기 · 덧대기 · 합치기 방식에 가깝습니다.

  TD은 BU보다 쉽고 빠르며, 총체적이면서도 단순합니다.
  BU은 TD보다 어렵고 느리며, 부분적이면서도 복잡합니다.

  TD은 시작 전에 이미 상당한 지식 · 정보 · 자원을 요구하고,
  BU은 맨땅에서 맨손만으로 주먹 쥐고 일어서길 요구합니다.

  TD은 비교적 디지털스럽고 사치스러우며,
  BU은 비교적 아날로그스럽고 소박합니다.

  직장은 TD을 더 선호하고, 사람은 BU에 더 익숙합니다.

앞서 소개한 절차별 산업 · 직무 탐택은 Top Down 방식입니다.
직장에서 일할 걸 생각하면 TD방식에 익숙해지는 것도 괜찮습니다.

불확실성 · 순발력, 창발/직관적 사고, 영감 · 인연 등의 관점에서는
TD의 장점, BU의 단점이 뒤바뀔 수 있습니다.
생애진로를 탐택할 때는 두 가지 방식을 모두 사용합니다.

Bottom Up 탐택

생애진로탐택 방법에는
일상생활·교과 학습을 진로 탐택과 병합하는 방식도 있습니다.

일상생활과 진로 탐택을 병합하는 대표적인 방법은 일기입니다.[1]
 그날그날의 경험을 ariose 관점에서 리뷰·분석하고
 나 홀로 개선 제안합니다.
 차후 기회·역할이 생기면 나 홀로 제안을 꺼내서 활용합니다.

꾸준히 일기를 쓰다 보면 우리 각자의 ariose 스타일이 드러납니다.
 익숙한 결핍·낯선 결핍, 결핍들 사이의 비중·우선순위,
 문제를 바라보는 관점과 해소 방식,
 좋아하는 사람·사물·사실·사리의 특징 등을 알게 됩니다.
 ariose 한 문장으로 일기를 마치는 것도 좋습니다.

가족·(이성)친구와 스몰토크·한담 이상의 대화가 필요할 때도,
일기에 썼던 얘기, ariose 얘기를 나누면 좋습니다.

우리 자신뿐 아니라 다른 분들도,
서로의 차이도 더 잘 이해할 수 있습니다.

1) 성찰·일기, p.142

교과 학습과 진로 탐택을 병합하는 방법은 자기주도학습입니다.[2)]

덧셈 뺄셈은 문방구·시장에서도 쓰고, 시를 쓸 때도 쓰고,
　　　　　인사기획할 때도 쓰고, 탄소연대측정할 때도 씁니다.

교육이념, 인간상, 교육목표에 따라
교과 내용에 맞는 사례를 산업·작품·뉴스에서 찾아 기술하고,
결핍·대상·결핍해소 또는 ariose 관점에서 문제를 분석하며,
사례에 없는 선택지·기준. 더 좋은 해결방안을 만듭니다.

현존하는 모든 산업·직무를 두고 과제·주제를 분석하면
그 끝에 모든 초·중·고등 교육 내용이 도출됩니다.
거꾸로도 할 수 있습니다. 재미있게 할 수 있습니다.
선생님들께서 이끌어 주시견 더 좋겠습니다.

2) 자기주도학습, p.146~147

교육이념

우리나라는
홍익인간(弘益人間)의 이념 아래 인격을 도야(陶冶)하며,
자주적 생활능력 · 민주시민으로서 필요한 자질을 바탕으로,
인간다운 삶 · 민주국가 발전 · 인류공영(人類共榮)의 이상 실현에
도움이 되도록 힘쓰는 사람들이 사는 나라입니다.[1]

다른 데 힘쓰는 사람들도 살지만,
그런 힘들이 점점 작아지는 나라,
이것을 지향하는 사람들이 더 많은 나라,
     잘 사는 나라,
     잘 살아야 하는 나라입니다.

비가 내리면, 우리를 유혹하는 안일한 만족을 떨치고,
좁다란 골목길에서도 우산 세 개 나란히 펴는 나라라는 말입니다.
빨간 우산 · 파란 우산 · 찢어진 우산도
홍익인간 우산 아래 같이 펴고 나란히 걷는 나라라는 말입니다.

이 우산 밖에 있는 해로운 점, 나쁜 영향을 미치는 점을
각별히 유의하고 피하는 나라라는 말입니다.

1) 교육기본법

홍익인간(弘益人間)은 널리 세상을 이롭게 한다는 말입니다.
영어 사전 등에서는 devotion to the welfare of mankind,
to broadly benefit the human world,
expanding the benefit of people,
benefiting mankind라고도 합니다.

세상이라는 말은 생명체가 살고 있는 지구,
사람들이 생활하고 있는 사회,
사람들의 마음이라는 말입니다.
누구나 예외 없이 똑같은 마음은
더 (잘) 살고 싶은 마음,
결핍을 해소하고 싶은 마음입니다.

이롭게 한다는 말은 이익이 되게 한다는 말입니다.
정신·물질적으로 보탬이 되게 한다,
정신·물질적 결핍 해소에
이익이 되게 한다는 말입니다.

욕구·욕망·욕심은 결핍 자리에 잘 안 들어갑니다.
들어가면 안 되는 것들이 있습니다.

인간상[1]

우리나라는 2022년에 정규 교육과정을 개편했습니다.

1. AI · 디지털 전환, 감염병 대유행, 기후 · 생태환경 변화,
   인구구조 변화 등에 의한 사회의 불확실성 증가,

2. 사회의 복잡성 · 다양성 · 협력 필요성 증가 등에 의한
   상호 존중과 공동체 의식 함양의 중요성 증가,

3. 학생 개개인의 특성 · 진로에 맞는 맞춤형 학습 지원 요구 증가,

4. 교육과정 의사결정에 대한
   사회적 참여도 · 자율화 · 분권화 요구 증가 때문입니다.

교육 이념을 바탕으로,
미래 사회가 요구하는 핵심역량 · 포용성 · 창의성을 갖춘
주도적인 사람으로 성장하기를 기대하고 있습니다.[1]

---

1) 교육부 고시 제2022-33호 [별책 1],
   초 · 중등학교 교육과정 총론, p.4~6

구체적으로 기대하는 성장 모습은 4가지입니다.

1. 전인적 성장을 바탕으로, 자아정체성을 확립하고,
   자신의 진로와 삶을 스스로 개척하는 자기 주도적인 모습,

2. 폭넓은 기초 능력을 바탕으로 진취적 발상과 도전을 통해
   새로운 가치를 창출하는 창의적인 모습,

3. 문화적 소양과 다원적 가치에 대한 이해를 바탕으로
   인류 문화를 향유하고 발전시키는 교양 있는 모습,

4. 공동체 의식 바탕의 다양성 이해, 서로 존중, 세계와 소통하는
   민주시민으로서 배려·나눔·협력을 실천하며 더불어 사는 모습
   입니다.

핵심역량은 6개입니다.
1. 자기 관리 역량,   2. 지식정보처리 역량,   3. 창의적 사고 역량,
4. 심미적 감성 역량, 5. 협력적 소통 역량,   6. 공동체 역량입니다.

확대 해석하면 향후 수능 목적·공직 선발기준·미래 인재상 등이
이렇게 변할 가능성이 커졌다는 말입니다.

유아기 진로 탐택

유아기는 만 3세부터 초등학교 취학 전까지의 어린이를 말합니다.[1]

세상 만물이
에너지가 높은 데에서 낮은 데로
열 평형 방향으로 움직인다는 사실을,[2]

우리는 모두 결핍 해소를 위해
생명을 존중하는 방향으로 움직인다·
혼자 결핍 해소 못 한다·같이 한다는 사실을,

서로 결핍을 묻고 해소하는 과정에서
삶의 기쁨·행복을 느낄 수 있다는 사실을
경험적으로 인식하면 좋을 때입니다.

엄마·아빠·선생님·친구들에게 우리가 받는 것처럼
다른 사람들에게 우리도 주는 공동체적 삶이 전부다,
사는 거 딴 거 없다는 사실을 느끼면 좋을 때입니다.

(말이 안 통하는 사람, 고마움을 드러낼 줄 모르는 생명에게도)
왜 우냐, 어디가 아프냐, 배가 고프냐, 뭐·누구·어디를 찾냐,
결핍이 뭐냐 묻는 법, 다양한 결핍 유형을 배우면 좋을 때입니다.[3]

울고 우기고 울리는 방법코다 더 울림 있는
결핍 표현 방법, 결핍해소 거래 방법을 경험하면 좋을 때입니다.

다양한 산업 활동 · 상품 · 서비스를,[4]
들어 · 살펴 · 먹어 · 입어 · 써 · 사 보는 경험과
불러 · 그려 · 먹여 · 입혀 · 만들어 · 팔아 보는 경험을 통해,
1. 세상 만물 · 만행이 각각 "무슨 결핍 해소에 쓰는 물건 · 행동"인지
2. 그 물행이 不 충분 · 적합 · 만족하게 되면 사람이 어떻게 되는지
3. 충분 · 적합 · 만족을 어떻게 셈하는지 · 샘내지 않을 수 있는지
4. 이 모든 것이 어떤 모양으로 상징 · 기호 · 개념 · 규칙화되는지
알게 되면 좋을 때입니다.

삶 · 움직임 · 일 · 진로 탐₩ 관점에서
가장 본질적인 개념은 결핍과 결핍 해소입니다.
결핍 해소는 관심 · 공감 · 공유 · 사랑입니다.

유아기는 어떠한 종류의 차별 없이[5]
아낌없는 관심 · 공감 · 공유 · 사랑을 받고 주기 좋을 때입니다.

1) 유아교육법,   2) 열역학 제2법칙, 3) 매슬로우, 욕구위계이론, p.31,
4) 한국표준산업분류, p.77,   5) 영유아보육법

초등학생기 진로 탐택

초등학생기는 꿈·진로를 본격적으로 그리기 시작하는 시기입니다.

초등학교 교육 목표는 일상생활·학습에 필요한
                 습관·기초능력·바른 인성 함양입니다.[1]

1. 자신의 소중함을 알고 건강한 생활 습관을 기르며,
   풍부한 학습 경험을 통해 자신의 꿈 키우기,

2. 학습·생활 문제의 발견·해결 (기초)능력을 기르고,
   이를 새롭게 경험할 수 있는 상상력 키우기,

3. 다양한 문화 활동을 즐기며, 자연·생활 속에서
   아름다움·행복을 느낄 수 있는 심성 기르기,

4. 일상생활·학습에 필요한
   규칙·질서를 지키고 돕고 배려하는 태도 기르기입니다.

---

1) 교육부 고시 제2022-33호 [별책 1], 초·중등학교 교육과정 총론, p.6

유년기가 만족 · satisfaction을 배우기 좋을 때라면,
초등학생 때는 산출물 · output 배우기가 좋을 때입니다.
　　　　산출물 조작 활동을 통해 배우면 더 좋습니다.

산출물 · output에 대해 배워야 할 내용은
　특징 · 기능 · 요건 · 움직임 · 등장 배경 · 발달 과정 등입니다.
　투입 · input(중학생기 탐택 내용)과 결이 같습니다.

모든 산출물은 산업별 상품 · 서비스 또는 자연상태로 존재합니다.
산 · 숲 · 강 · 들 · 바다 · 길 · 거리 · 시장 · 할인점 · 쇼핑몰 · 백화점,
치밀하게 구성된 체험 프로그램, 박람회 · 전시회 다 좋습니다.
　6감을 동원해 입체적으로 상품 · 서비스 경험해 보기,
　상품 · 서비스를 문제 해결에 적용해 보기,
　직접 도구를 만들어 활용해 보기,
　혼자 · 또래랑 · 어른들과 · 전문가와 · 동생들과 해 보는 것도
　모두 좋습니다.

　이를 통해 산출의 3신기를 받으면 좋습니다.[2)]
　산출물의 효과 · outcome, 영향 · impact까지 배우면 좋습니다.
　산출의 다른 3사(사람 · 사실 · 사리)도 알게 되면 더욱 좋습니다.

2) 3신기: 3가지 자신감에 대한 기운(自身 · 自新 · 自信의 氣運)

중학생기 진로 탐택

중학생기는 인생 최초로 공식적인 진로를,
일반·특성화·자율형·특수 목적고 진학을 선택해야 하는 시기입니다.

중학교 교육 목표는 일상생활·학습에 필요한
                기본능력·바른인성·민주시민자질 함양입니다.[1]

1. 조화로운 심신 발달, 다양한 지식·경험을 통해
   자아존중감·책임감·적극성 있는 삶의 방향·진로 탐색하기,

2. 학습·생활의 문제 해결 (기본)능력·
   도전정신·창의적 사고력 기르기,

3. 자신을 둘러싼 세계의 다양한 문화를
   경험·이해·공감하는 태도 기르기,

4. 공동체 의식을 바탕으로 타인을 존중하며 소통하는
   민주시민의 자질·태도 기르기입니다.

---

1) 교육부 고시 제2022-33호 [별책 1], 초·중등학교 교육과정 총론, p.7

초등학생기가 산출 · output을 배우기 좋을 때라면,
중학생기는 투입 · input을 배우면 좋을 때입니다.

결핍 해소에 필요한 사람 · 사물 · 사실 · 사리에 대해
1. 외형 · 구성 · 구조 · 현상적 특징 · 유사성 · 차이, 정의
2. (산업) 생태계에 주는 영향 · 기능 · 가치 · 의의 (output 측면)
3. (산업) 생태계로부터 받는 영향, 존재 · 성립 요건 (input 측면)
4. 사물리실람의 내부 활동(동작, 감정 · 정보 · 물질 처리) 과정
5. 시작 · 발생 · 발견 · 발명 · 개발 · 제조 배경
6. 진화 · 성장 · 발전 · 쇠퇴 과정, 미래상을 이해하면 좋습니다.
재미있는 · 좋아하는 4사와 이에 기반한 활동을 찾을 수 있습니다.

중학생기는 진로를 두고, 직능 유형과 직능 수준을 고려하여,
고등학교 진학에 대한 자기 선택이 · 자발적 동의가 필요한 때입니다.
책임이 크게 두드러지기 시작하는 때입니다.

탐색은 선택을 위한 선택지 · 기준 · 정보를 찾는 활동입니다.
직업을 보는 것도 좋지만, 산업을 먼저 보는 것이 더 MECE합니다.
미래 삶의 모습을 중복 · 누락 없이 탐색하는 데 조금 더 유리합니다.
같은 직무도 산업에 따라 라이프 스타일까지 다를 수 있습니다.

고등학생기 진로 탐택

고등학생기는 취업·진학, 직무·전공을 선택해야 하는 시기입니다.

고등학교 교육목표는 적성·소질에 맞는 진로 개척,
　　　　　　세계와 소통하는 민주시민 자질 함양입니다.[1]

1. 성숙한 자아의식과 인간 존엄성 존중을 바탕으로
   일의 가치 이해하기 및 진로 지식·기능·평생학습능력 기르기,

2. 다양한 지식/경험 융합 능력·창의적 문제해결능력·
   새로운 상황에 능동적으로 대처하는 능력 기르기,

3. 다양한 문화 이해·자기 삶 성찰·새로운 문화 창출
   자질과 태도 기르기

4. 국가 공동체에 대한 책임감을 바탕으로 민주시민 자질과 태도
   (배려·나눔·세계와의 소통) 기르기입니다.

---

1) 교육부 고시 제2022-33호 [별책 1], 초·중등학교 교육과정 총론, p.7

고등학생기는 활동을·activity를 배우고 찾으면 좋을 때입니다.

활동에는 마음·머리·몸의 활동이 있고,
　　　　각각의 사실·개념·절차·원리를
　　　　기억·활용·발견하는 순서가 있습니다.[2]
마음은　가치를 수용·판단·실천·체계화·내면화하게,
머리는　개념을 기억·이해·응용·분석/종합·평가하게,
몸은　　동작을 인식·재현·정교·유연·특별하게 만듭니다.[3]

다양한 교과내용·활동 속 가치·개념·동작들이
마음·머리·몸에게 바라는 바를 묻고·찾고·제안/보완하며
좋아하는 input과 자신 있는 output 사이에 들어갈,
시간 가는 줄 모르는 활동을 찾을 수 있습니다.

기억·활용·발견 중 더 민감하게 반응하는 활동,
사실·개념·절차·원리 중 더 섬세하게 다루는 활동,
마음·머리·몸 중 더 자주·빨리·오래 시간을 보내는 활동,
찾을 수 있습니다.

[2] 내용·수행 매트릭스 모델(CDT), 메릴(Merill)
[3] 교육목표분류이론(Taxonomy), 블룸(Bloom)

대학생기 진로 탐색

대학생기는 졸업 후 입직할 산업·직무를 특정해야 하는 시기입니다.

대학의 목적은 1. 인격 도야
      2. 국가·인류사회 발전에 이바지하기 위한
       심오한 학술이론과 응용방법을
       가르치고 연구하는 것입니다.[1)]

대학의 목표는 공통역량 계발·전문역량 개발로 요약할 수 있습니다.
 계발은 깨우쳐 연다, 개발은 유용·발전하게 만든다는 말입니다.
 공통역량은 교양·인문학, 전문역량은 전공 등과 결이 같습니다.
  공통역량에는 대학이념·교육철학·인재상 등이,
  전문역량에는 연구·응용 목적 등이 반영됩니다.

대학은 목적에 따라 연구·교육 중심 대학으로 특성화되기도 합니다.
 연구는 과거의 사실·개념·절차·원리를 연구 산업에,
 응용은   다른 산업에 활용해
   미래의 사 · 개 · 절 · 리를 만든다는 말입니다.

---

1) 고등교육법(법률 제20466호, 시행 2024.10.22)

대학생기는 환경 · environment 속 이해관계를 경험하며
자기 입장 · 가치관 · 이상적인 관계를 리모델링하기 좋을 때입니다.
스스로 경의를 표할 만한 삶의 모형을 만들기 좋을 때입니다.

모든 것은 다 미래 환경 탓이라고 할 수 있습니다.
과거 환경, 우리 자신 탓은 힘 빠지는 일입니다. 결핍만 늘어납니다.

미래 환경은 과거를 통해 바라보는 심상(心象)입니다.
심상이란 감각 기관의 자극 없이 의식 속에 떠오르는 영상입니다.
if 하면 then 하게 될지도 몰라하는 마음에서 의도(意圖)가 나옵니다.
의도가 나오면 행동이 따라 나옵니다. 사실 여부와 상관없이.

과거의 사 · 개 · 절 · 리를 객관적으로 종합해
미래의 사 · 개 · 절 · 리를 타당 · 신뢰도 높게 만드는 역량은
공부할 때도, 진로를 선택할 때도, 직장에서 일할 때도 유익합니다.

의도 없는 사실은 있어도 의도 없는 자료 · 정보는 잘 없습니다.
사 · 개 · 절 · 리는 이해관계에 따라 형성되고 때로는 왜곡됩니다.
진로와 선택에 영향을 주는 환경 속 이해관계를
정책 · 경제 · 사회 · 기술 등의 관점에서 문화 · 전략적으로
묻기도 따지기도 하는 일 더 많으시길 빕니다.

취직·이직 준비기

취직 준비기는 입직 목표, 직장·직무를 특정해야 하는 시기입니다.

결핍 해소에 필요한 만큼 보답받는 일인지,
경제·사회·인간적 계속 성장이 기대되는 일인지,
일을 받는 만큼 보답도 받는 일인지 비교해야 하는 시기입니다.

보답은 받는 일보다 작아도, 커도 큰일입니다.
보답이 크면 일이 더 많아·어려워지고 거절이 힘들어집니다.
특히 경제적 보답은,
받는 일보다 크면 클수록 더 큰 성과를 요구합니다.
  같은 일도 더 큰 성과를 내는 방식으로, 특별하게 해야 합니다.
  재미있던 일이 더 힘들어지고, 쉽게 했던 일이 더 어려워집니다.
  사회·인간적 성장이 정체되고 하락해도 거부하기 어려워집니다.
  결핍을 떼러 갔는데 결핍을 붙여 오는 일, 피하기 어려워집니다.

보답은 활동보다 성과에 더 많은 영향을 받습니다.
받는 입장에서는 활동보다 더 큰 보답을 기대할 수 있지만,
주는 입장에서는 보답보다 더 큰 성과를 기대합니다.
같은 일에서 더 많은 창의·전략 활동을 기대합니다.
마른 가지에 꽃, 마른 가슴에 불 피우길 기대합니다.
마른 수건에서 물 짜야 합니다. 짜져야 합니다. 짜요[3].

보답은 활동 원가와, 활동을 통해 만들어진 가치·이익의 합입니다.
　　땀 흘려 마음·머리·몸을 움직인 수고에 대한 답례입니다.
　　경제·사회·인간적 결핍해소, 성장, 사랑의 밧데리입니다.

보답은, 그 크기·가치가 상대적인데,
1. 우리가 움직일 때 고갈되는 에너지 결핍을 해소할 만해야 합니다.
　 더 적은 에너지로 더 닳이 움직이면 보답의 크기가 증가합니다.
2. 우리의 성장에 필요한 미래 에너지 결핍을 해소할 만해야 합니다.
　 더 적은 에너지로 더 많이 성장하면 보답의 가치가 증가합니다.

보답은 우리가 해소해야 하는 결핍과 크기가 비슷해야 더 좋습니다.
　　　　　　만들 수 있는 성과와
성과는　　　만들 수 있는 산출과
산출은　　　해낼 수 있는 활동과

산업은, 학력과 나이를 비교하는 이유가, 그렇습니다.
자원을 더 적게 썼던 지원자 → 더 적게 쓸 인재를 선호합니다.
자원을 더 잘 곱쳤던 지원자 → 더 잘 곱칠 인재를 선호합니다.
입직은 성과 〉역량 〉직능 〉학력 〉나이 순입니다.
초기 성과·역량·직능 크기는 사업·업무 제안으로 평가됩니다.
자기소개·지원 사유·성적·출결·경력 등은 제안의 일부입니다.

창업 · 창직 준비기

창업 · 창직 준비기는 일을 아름답게 · 총체적으로 설계하는 시기입니다.

실사용자와 구매자의 결핍과 해소 방법을 중심으로
이해관계자들의 결핍 해소 방식을 특정하고,
사물 · 사실 · 사리 · 사람에 대한
input · output · outcome · impact를 결정하며,
보답의 모양 · 질 · 양 예측을 바탕으로
전체 가치 사슬 최적화를 계획해야 하는 시기입니다.

경영은 목적 경험 · 결핍 해소 재현 활동입니다.
목적 경험에 필요한 가장 작은 목표를 수립하고
최소한의 사물 · 사실 · 사리 · 사람을 최대한 아껴서
결핍 해소 경험을 최대한 오래 재현하는 활동입니다.

이윤 "극대화"는 나무의 꿈 같습니다.
숲에는 이윤 "극대화"가 따로 없습니다.
생존과 성장에 쓰고 남는 빛 · 물은 모두 흘러갑니다.
남는 게 있어야 우리도 산림욕 하고, 캠핑 합니다.
한 나무가 자라면 그 그늘도 자랍니다.
이 나무가 커지면 저 나무가 마릅니다.
나무가 혼자 커지면 사람들이 와서 벱니다.
나무의 꿈 · 목적 재현이 어려워집니다.

인수합병(M&A) 등 시장 독점 강화 행위,
가격 담합 등 다른 기업의 시장진입 방해 또는
소비자의 이익을 침해하는 각종 불공정 행위는 과감하게 뺍니다.

독점도 안 되지만, 과점도 곤란합니다.
결핍 해소에 필요한 재화의 질·양,
이익·매출·시장 점유율을 산정합니다.

초과 이익은 사물·사실·사리·사람을 덜 아꼈다는 말입니다.
다른 사람 밥그릇을 빼앗았다는 말입니다.
초과 이익 절감 방안·환류 방법을 입안합니다.

개처럼 벌어서 정승처럼 쓴다는 말은
지구 표면적·인구수·자원 매장량 등을 몰랐을 때,
평균 수명이 짧고 결핍의 모양·질·양이 적었을 때,
양반만 사람인 줄 알았을 때 했던 말입니다.

목적 경험·결핍 해소는 위생요인 같습니다.
결핍을 해소하고 남는 잉여 재화의 증가는
더 많은 재고·결핍 증가를 초래합니다.
적정 결핍 해소 활동으로
만족·행복이 일신우일신 되는 일 더 많으시길 빕니다.

응용

성찰 · 일기

일기는 매일의 경험 · 생각 · 느낌에 대한 성찰 기록입니다.
성찰한다는 말은 뭔가를 살핀다는 말입니다.

- 살피다 : 주의하여 잘 둘러보다,
  관찰하거나 미루어 헤아리다.
- 주의하다 : 정신을 한데 모아서 대하다.
  마음에 새겨 조심하다.
- 관찰하다 : 사람 · 사물 · 현상을 주의하여 잘 살펴보다.
- 미루다 : 실제 · 사실 · 기준에 견주다.
- 헤아리다 : 실제 · 사실 · 기준을 꼽아 견주어 짐작하다.
- 조심하다 : 잘못 · 실수가 없도록 행동에 신경 쓰다.
- 잘못 : 틀린, 옳지 않은, 적당하지 않은,
  생각 없이 마음대로 아무렇게나 한 행동
- 실수 : 정신을 한데 모으지 않거나
  뭔가를 마음에 새기지 않고,
  예의에 어긋나거나
  남에게 신세를 지게 하는 행동
- 예의 : 존경 · 공경의 도리와 그 행동
- 틀리다 : 실제 · 사실 · 기준과 다르다, 순조롭지 않다,
  어긋나다, 어그러지다, 비뚤다.
- 비뚤다 : 바르지 않고 한쪽으로 기울어져 쏠렸다…

1. 오늘 우리가 경험했던 일들을 최대한 많이 나열합니다.
2. 오늘 하루를 대표할 수 있는 일들을 골라 성찰합니다.
   a. 가장 몰입했던 마음·머리·몸의 움직임
   r. 가장 기대 됐던 경제·사회·인간적 성장이나 성장 기회
   i. 가장 흥미 있었던 사람·사물·사실·사리
   o. 가장 자신(自身·自新·自信) 있었던 활동 결과·효과·영향
   s. 가장 많이 관심·공감 갔던 사람·결핍·결핍해소방법
   e. 가장 많이 공감·공유했던 요구·요청·조건·제약 사항
3. 오늘 일들을 ariose 관점에서 5점 만족도 평가합니다.
4. 오늘 하루를 ariose 한 문장으로 정의합니다.
   1) 누구의   2) 구슨 결핍이   3) 어떻게 해소되도록,
   4) 어떤 환경에서   5) 구슨 역할을 맡아   6) 어떻게 책임지고,
   7) 뭔·누군가와   8) 어떤 활동으로   9) 무엇을 만들어 내어
   10) 어떤 보답(성장기회)·성장을 기대할 수 있는 하루였다.
5. 오늘 일들에 대해 ariose 항목별 개선 방안을 마련합니다.
6. 실현 가능한 과제를 정하고 다음을 계획해서 실천합니다.
7. 이상적인 진로를 ariose 한 문장으로 정의·보완합니다.

a. 활동: p.36, 54, 133,　　　　r. 보답: p.36, 58, 136,
i. 투입: p.36, 60, 131,　　　　o. 산출: p.36, 62, 129,
s. 만족: p.22, 31, 36, 64, 127,　e. 환경: p.36, 66, 135 참고

공부 · 학업

누가 어디를 때릴지 모르면, 목적 · 목표를 모르면,
막 · 피하기가 더 어렵고 힘이 많이 듭니다.
온몸을 던져 사방팔방을 다 막아야 합니다.
또는 늘 몸 사려 피해 숨어 다녀야 합니다.

공부 · 학업도 그렇습니다.
삶의 목적 · 진로 목표가 없으면 온갖 공부 · 경험 다 필요합니다.
세상은 넓고, 배워야 할 것은 많습니다. 휴식이 사치가 돼 버립니다.

언젠가 먼 훗날에 무슨 일을 하게 될지,
뭘 하고 싶어질지, 무엇을 좋아하게 될지 모를 때는
10%의 가능성이라도 놓칠까 불안해집니다.
인지상정입니다.

계속 불안해 · 피해 · 미루면, 다 떠안으면 기회도 위기 됩니다.
호기심을 내서 목적 · 목표를 찾아 좁히면 위기도 기회 됩니다.

삶의 목적 · 진로 목표가 있으면
필요한 공부에 집중하기가 더 쉬워집니다.
삶의 목적 · 진로 목표를 일찍 가질수록
흥미로운 공부를 더 빨리 시작할 수 있습니다.

공부에는 방향을 정하는 공부,
　　　　거리를 좁히는 공부,
　　　　시간을 줄이는 공부가 있습니다.

방향을 정하는 공부란 원인 · 배경 · 논리 · 효과 · 타당성 등 목적을
거리를 좁히는　　　　모양 · 구성 · 개념 · 특성 · 신뢰성 등 내용을
시간을 줄이는　　　　순서 · 구조 · 원리 · 계량 · 효율성 등 방법을
배우는 공부라고 할 수 있습니다. 모든 과목에 녹아 섞여 있습니다.

방향을 정하는 공부가 잘되면
달려야 할 거리가 더 짧아집니다.
시간적 여유도 더 증가합니다.
바람과 방향이 없는 힘은 덩치값을 잘 못합니다.
　　　　있는 힘은 작아도 실속 있습니다.
　　　　같은 힘은 상성 · 궁합이 좋습니다.
　　　　일정하게 유지되면 가속도도 붙습니다.

이성도 서로의 바람과 방향이 같으면 잘 곱쳐집니다.
그러면 행복이 더 자주 오고, 커지고, 오래갑니다.
나이가 들면 방향 바꿀 기회 갖기, 용기 내기가 점점 힘들어집니다.
방향을 잡아 주는 공부 먼저 하는 일 더 많으시길 빕니다.

자기주도학습 · Self Directed Learning

자기주도학습이란 스스로 방향을 정하는 학습이라는 말입니다.
  방향이란 말은 목적 · 이유라는 말입니다.
  자기주도학습의 시작은 삶의 목적 탐색입니다.
    공부하는 이유를 모를 때에는 자기 주도 학습하기 어렵습니다.
    삶의 방향 · 목적이 학습과 따로따로일 때도 어렵습니다.
    왜 공부하는 건지 모르겠다는 생각,
    쓸 데 · 알 수 없는 미래 생각이 자꾸 떠오르기도 합니다.

하향식 자기주도학습 순서는 이렇습니다.   / Top Down
 1. 삶의 목적 탐택
 2. 삶의 목적에 부합하는 최소 목표 탐택,   / 최종 목표
    최종 목표 성취도 확인 · 평가 방법 탐택
 3. 최소 필수 학습 과제 · 단위 탐택,   / 과정목표. 주제분석
    단위 목표 성취도 확인 · 평가 방법 탐택
 4. 학습 단위 · 덩이 학습 방법 탐택   / 청킹 · chunking
 5. 학습 기간 · 시간 계획 수립, 학습
 6. 학습 계획 성취도 확인 및 조절
 7. 삶의 목적 〉 최종 목표 〉 과정 목표 〉 학습 계획 조절

1 · 2 · 7번을 빼면 자기관리학습 · Self Managed Learning입니다.
SDL, SML은 초인지 학습 · Meta Cognitive Leaning입니다.

삶의 목적은 결핍으로부터의 자주독립·행복입니다. 예를 들면,
　등 배겨, 목말라, 배고파, 좀 쑤셔, 졸려⋯　　／ 본능[1],　　보답[2]
　추워, 더워, 답답해, 불안해, 무서워⋯　　　／ 안전,　　　환경
　외로워, 보고·듣고·느끼고 싶어⋯　　　　／ 상호 작용, 투입
　부러워, 창피해, 섭섭해, 억울해, 분해⋯　 ／ 존중,　　　산출
　심심해, 따분해, 맛없어, 불편해, 궁금해⋯ ／ 자아실현,　활동
　고마워, 걱정돼, 딱해, 슬퍼, 아파, 미안해⋯／ 자기 확장, 만족
　못 살 것 같은 느낌으로브터 못을 치우는 것입니다.

결핍은 친구·연인·가족·직장·역사·사회 안에 있습니다.
이 중 화폐를 매개하는 결핍 해소 활동은 모두 산업입니다.

학습은 삶의 목적·목표에 닻을 두고 있습니다. 　／ 앵커링·
삶의 목적은 결핍에 닻을 두고 있습니다.　　　　　 anchoring
삶의 목표는 산업에 닻을 두고 있습니다.

상향식 자기주도학습 순서는 이렇습니다.　　　／ Bottom Up
　1. 교과 관련 결핍 사례를 친·연·가·직·역·사에서 찾습니다.
　2. 교과 내용을 사례에 대입하여 개념·절차·원리를 확립합니다.
　3. 사례를 늘려 가며 이상적인 결핍 해소 사례를 만듭니다.

1) 욕구위계이론, 매슬로(Maslow)　　　2) 일의 매력 포인트, ariose

견학 · 체험

견학 · 체험은 정보 탐색 활동입니다.
탐색이란 말은 모르는 사실을 찾는다, 알아낸다는 말입니다.

모르는 것이 무엇인지를 아는 일은 어마어마한 일입니다.
모르는 것을 알아내는 능력은 아는 것을 구현하는 능력과 함께
모든 연구 · 개발, 인류 성장 · 발전의 궁극적인 목표가 됩니다.

모르는 사실은 못 하는 · 안 되는 활동을 통해 알 수 있습니다.
   주로 안 해 본 활동, 필요를 못 느껴 본 활동입니다.

못 하는 · 안 되는 활동은 결핍 느낌을 통해 알 수 있습니다.
   결핍이 없을 때는 사실 못 해도 · 안 해도 괜찮습니다만,
   결핍이 안 느껴지는 사실은 실체를 인식하기도 어렵습니다.

결핍 느낌은 현재 · 미래 목적 경험을 통해 알 수 있습니다.
   뭔 · 누군가를 경험해 보고 싶어 못 살 것 같은 일이 생기면
   그때 다른 뭔 · 누군가의 필요 · 결핍 느낌을 알게 됩니다.

현재 · 미래 목적 경험은 비유 · 은유 · 상상을 통해 알 수 있습니다.
   비유 · 은유 · 상상은 사람 · 사물 · 사실 · 사리, 가치 · 개념 · 동작을
   빼 · 줄여 · 키워 · 넣어 보거나 (위치를) 바꾸는 사고실험입니다.[1]

1) ERRC (블루오션, 김위찬 · 르네 마보안),
   Eliminate 〉 Reduce 〉 shift 〉 Raise 〉 Create 순이 좋습니다.

견학 · 체험은
1. 비유 · 은유 · 상상,
2. 현재 · 미래 목적 경험,
3. 필요 · 결핍 느낌,
4. 못 · 안 해 본 활동,
5. 못 하는 · 안 되는 활동,
6. 모르는 사실 등에 대한
새로운 직 · 간접적 경험 활동입니다.
앞경험이 없으면   / 선수학습
뒷경험이 잘 안 들어와 · 이해돼 · 누적됩니다.   / 후속학습

모든 일은 ariose 합니다.
환경 〉 결핍 〉 투입 〉 활동 〉 산출 〉 만족 〉 보답으로 완성됩니다.
ariose의 각 부분과 전체가 최적화될수록
그 일의 아름다움이 늘어납니다. 매력이 잘 느껴집니다.

견학 · 체험에 앞서 그 일의 ariose 체크리스트를 먼저 만든 후
           하지 않아도 알 수 있는 ariose는 간접 경험하고
           해 봐야만 알 수 있는 최소한의 ariose만 직접 경험하는
           활동 더 알뜰하시길, 많으시길 빕니다.

질문 · 인터뷰

질문한다는 말은 모르는 · 의심되는 것을 묻는다,
　　　　답을 구한다는 말입니다.

좋은 답은 좋은 질문에서 나옵니다.
아는 것이 많을수록 질문이 더 좋아집니다.
또, 순서가 좋을수록 답변이 더 좋아집니다.

예를 들면 질문에는 이런 것이 있습니다.

1. 이것은 무엇입니까?　　　/ 명칭, 쓸모 · 쓸데 · 가치 · 의의
2. 제일 좋은 겁니까?　　　　/ 선택지 · 대안 탐색
3. 이유가 뭡니까?　　　　　　/ 비교 · 판단 기준 탐색
　　· 뭐가 다릅니까?　　　　　 - 가격, 대가, 단점, 한계
　　　　　　　　　　　　　　　 - 사용 · 감상 · 관리법, 접근성
　　　　　　　　　　　　　　　 - 모양 · 색깔 · 질 · 양 · 성질, 느낌
　　　　　　　　　　　　　　　 - 구성 · 구조 · 순서 · 관계 · 영향
　　· 왜 다릅니까?　　　　　　 - 작동 원리 · 구조, 메커니즘
　　　　　　　　　　　　　　　 - 제조 방법, 발생 원리
　　　　　　　　　　　　　　　 - 등장 배경, 발전 과정
4. 경험해 볼 수 있겠습니까? / 발견 · 검증 · 학습 · 인식 방법

질문 상황·목적에 따라 표현은 조금씩 다를 수 있습니다.
  a. 이럴 땐 뭘 해야 하나요?   가. 이게 뭐 하는 겁니까?
  b. 뭐가 제일 좋나요?   나. 그게 최선입니까?
  c. 어떻게 그렇게 되나요?   다. 근거가 뭡니까?
  d. 어떻게 믿을 수 있나요?   라. 보편·타당합니까?

말이 생각을 방해할 때가 있습니다. 예를 들면,
  우리는 습관적으로 '어떻게'라는 표현을 많이 씁니다.
  '어떻게'에는 '언제(까지), 어디서, 얼마큼…' 등이 들어갑니다.
  순서도 들어갑니다. 1234, abcd, 가나다라 질문 다 들어갑니다.

  '어떻게'는 맥락에 따라 답이 달라지는, 창의적인 말입니다.
  "마않은" 것을 공유하고 공감하기 전까지는,
  질문인지·감탄산지·무엇부터 말해야 할지 몰라도 안 이상한,
  듣는 사람에게는 굉장히 포괄적이고 막연할 수 있는 말입니다.

  '어떻게'보다 '무엇을' 드는 '무엇을'을 콕 집어
  'OOO'이라고 적시하는 게 더 좋을 때도 많습니다.
  '무엇을'을 콕 집어서 말할 수 없을 때는
  질문할 준비·숙고가 충분한지 확인해 보는 것도 좋습니다.

의도가 명료하고, 생각이 명쾌한 일 더 많으시길 빕니다.

가치체계

가치체계는 마음·판단·정의적(affective) 활동 플랫폼입니다.
전략체계는 머리·비교·인지적(cognitive) 활동 플랫폼입니다.
그 외에는 몸·행동·심체적(psychomotor) 활동 플랫폼입니다.

플랫폼은
목적·목표가 동일한, 셀 수 없을 만큼 많은 유사 활동에 대해
뭔가·누군가가 모자라·없어서 못 살 것 같은 걱정이 없고
편안한·좋은 기분이 쉽게 흔들리지·바뀌지 않도록,
판단·비교·행동 기준 등 방향성·지속성을 지탱해 주는 도구입니다.

우리가 불안·당황·착각하거나, 번거롭게 헷갈려 서성이지 않도록,
유혹에 흔들리거나 결심을 바꾸지 않도록 지탱해 주는 도구입니다.

가치체계는 마치 나침반처럼
지금부터 앞으로 계속 한 방향으로 움직이고자 할 때,
날씨 따라 기분 따라·친구 따라 유행 따라·이해관계에 따라
말과 행동이 그때그때 달라지지 않도록,
스스로나 타인에게 믿음을 주고 싶을 때 쓰는 도구입니다.

가치체계의 원형은 아주 오래됐습니다. 낯설지 않습니다.
관습, 헌법, 건국이념, 가훈, 종교체계도 가치체계입니다.

직장에서는 가치를 신념 · 공유가치 · 핵심가치 등으로,
가치체계를 건학/경영이념 · 교/사훈 · Way 등으로도 부릅니다.
목적 〉 가치 〉 행동원칙 〉 규범 등으로 자세히 풀어냅니다.
가치를 바탕으로 인재상도 만들고, 리더십도 만들고,
핵심역량 · 면접질문 · 핵심인재 발탁 도구도 만듭니다.
전략체계도 가치체계에서 나올 수 있습니다.

직장에서 가치체계는 보통
직원들이 사장님 목소리를 수시로 경청할 수 없을 때,
사장님이 더 이상 일일이 잔소리할 수 없을 때 만듭니다.
　　　　"혼자서도 잘할 거야" 하고 직원들을 믿을 때 만듭니다.
가정 · 가훈 · 부모님 · 자녀들의 관계도,
종교 · 교리 · 지도자 · 신앙인의 관계도 결이 같습니다.

가치체계를 인정하고 공유한다는 건
우리가 서로를 성숙한 인격체로 · 평등하게 대한다,
자유 의지를 인정한다, 힘을 실어 준다는 말입니다.
몰랐다 · 어쩌다 · 깜빡 · 쏘리 · 익스큐즈미 등과는
헤어질 결심을 해야 합니다. 이젠 안녕입니다.
가치체계에 어긋난 일이나 균열이 생기면,
공동체에 빨리 · 자주 고백 · 공유하고 서로 책임지며,
같은 일이 다시 없을 대책 · 안도 마련해야 합니다.

개인 차원에서 가치체계는
내 삶의 주인공이 되고 싶은 마음,
다른 사람에게 인식되고 싶은 한결같은 심상(心象)을
구체화시켜 표현하는 식으로 만듭니다.

단 한 줄, 단 한 단어도 괜찮습니다. 실제로 작동하면 됩니다.
멋있어 보이지, 화려하지, 복잡하지 않아도 괜찮습니다.

지식은 안경 같습니다.
상황에 맞게, 필요에 맞게 썼다 벗었다 할 수 있습니다.
하늘이 눈부실 때는 선글라스를 쓰고,
대지가 어두울 때는 적외선 광학렌즈를 씁니다.

가치체계는 봄·여름·가을·겨울 같습니다.
사계를 노랗게·파랗게·빨갛게·하얗게 물들입니다.
계절·환경이 바뀌어도 채도·명도·RGB를 막 바꾸지 않고,
모두가 봄·여름·가을·겨울을 잊지 않게 합니다.

우리가 뭔·누군가에게 완전히 물드는 걸 내재화라고도 합니다.
사랑한다는 말, 사랑하는 마음도 내재화되는 일 더 많으시길 빕니다.

[표 14] 진로 가치·전략체계 구성·표현 예시

가치체계		전략체계[1]	
사명	· 진로 정의[2] 또는 · ○○의 ○○에 의한 ○○을 위한 ○○을 한다.	비전	어떤 산업·직무에 언제까지 입직하여, 어떤 영역의 ○○이 된다.
가치	· 방향·과정·시간 또는 · ○○에 대한 결핍 전문성 또는 · ○○에 대한 약속·책임 또는 · ○○에 대한 창의·전략 또는 · 일의 매력[3] · 몰입,재미,성장,기대,관계,재미, 발견,자신,보람,기쁨,공감,공유...	목표	학력, 자격, 코스웍, 독서, 일기, 관찰, 관계, 성과 경험·경력 활동 포트폴리오, 응모, 출품, 전시, 커뮤니티 활동, 등록, 운영...
원칙	가치별 조건문[4] ((항상/~하면/할 땐) ~한다.)	과제	원칙·목표별 필수 하위 목표
규범	행동·성공·실패 시 세칙[5]	계획	규범·과제별 세부 활동 내용·방법·일정

1) 달성/미달성을 객관적으로 계량·증빙 가능한, 정량적 기준 필요
2) 진로 정의: p.36, 76, 80, 116, 143
3) 일의 매력: p.52, 54~67
4) 가치별 의식·제식·절차·약속·방침 등
5) 원칙별 세부 활동이나 동기 강화(긍정적·부정적) 계획

취업준비

취업준비의 기본 뼈대는 방향·거리·시간입니다.

방향은 취업 목적, 진로 정의, 진로 목표, 목표 산업·직무 등입니다.
거리는 입직 조건, 채용 기준, 직무 능력, 필요 역량 등입니다.
시간은 취업 활동 가능 기간, 필요 예산, 가용 자원 등입니다.

아직 방향을 안 정했을 때, 거리를 모를 때는
방향을 정하고 거리를 확인하는 시간도
취업 활동 기간에 포함시킵니다.

생활비 등 가용 자원이 부족할 때는
아르바이트 등을 포함한 생계형 취업도 병행합니다.
　가능한 한 거리·시간을 줄일 수 있는 일,
　입직 목표 산업·직무와의 유사성이 더 많고,
　직능·역량 경험 가능성이 더 높은 일을 먼저 고려합니다.

입직 목표 산업·직무를 바꿔 안정적인 급여를 서두르는 것보다
취업 방향을 유지하며 효과적인 거리 단축에 집중합니다.

빠르면 빠를수록 좋고, 조바심에 서두르는 것도 인지상정이지만,
매몰비용 아까워 기회비용 날리는 실수 최소화가 더 중요합니다.

(세후 월급여 기준) 십수만 원의 월급보다
산업·직무, 직능·역량 경험 등 입직 거리·시간 단축이
더 큰 성장을 유발합니다. 나이가 적을수록 더 그렇습니다.
맹모삼천지교 하듯 하고 싶은 일을 찾아 하시기 바랍니다.

먼 훗날 언젠가, 알지만 의도적으로 하지 않았던 일과
　　　　　　몰라서 못 했던 일은 느낌이 다릅니다.
　　　　　직장 생활 약 2~30여 년의 질감,
　　　　　　퇴직 후 약 50여 년의 양감이 달라집니다.

우리는, 직장·사업·산업은 불확실성을 두려워·싫어합니다.
근거 없는·예언 타당도 낮은 의사결정도 선호하지 않습니다.
현금이 차고 넘쳐도 오히려 그러니까 더 그럴 때도 많습니다.
삶도 그렇습니다. 시간·책임 때문입니다.

방향이 자주 바뀌면 멀리 가기 불리합니다.
의도하지 않았던 방향으로 너무 멀리 가면
다시 돌아오기·시작하기 어려워집니다.

의도하지 않은 일에서도 대박 날 수 있습니다. 기쁩니다.
의도하는 일에서도 대박 날 가능성이 있습니다. 더 기쁩니다.

직능·역량을 키우는 요령은 다음과 같습니다.
  모든 취업 분야에 다 적용되는 것은 아닙니다.
  취업 목표에 적합한 부분만 골라 적용해 보시기 바랍니다.

1. 목표 산업·직장·직무 분야의 자문(전문가·실무자)을 구합니다.
   선생님, 교수님, 강사님, 선배님, 가족, 친지를 통해 구합니다.
   여력이 되면 구인도 합니다. 학생이면 학생할인 부탁합니다.

2. 직능·역량을 알아냅니다.
   직무 과제분석·주제분석 또는 그 결과가 필요합니다.
     o 직무는 〉 역할·기능 〉 책무·과제 〉 업무 〉
       활동 〉 동작 〉 스킬·태도·지식으로 쪼개집니다.

     o 자료조사 〉 이메일 자문 〉 전화·대면 인터뷰합니다.
       · NCS, 연구논문, 대학·학원·협회 커리큘럼, 교재, 도서,
         실제 직장의 교육체계도, 과정 개요서, 절차서, 매뉴얼,
         직능·역량 사전, 역량진단문항, 행동지표 등을 조사합니다.

       · 직능·역량을 요약·정리해서 이메일로 자문 요청합니다.

       · 자문 결과를 반영하고 질문을 요약한 후 인터뷰를 통해
         부연설명과 추가질문 등에 추가 조언을 구합니다.

3. 직무 사례를 역기책과업별 n개씩 준비하고
활동스태지까지 재현한 후 검토·보완합니다.
- ○ 스킬·태도·지식의 개념·절차·원리를 정의하고 이해합니다.
  동작을 통해 반복 재현하며 마음·머리·몸에 새깁니다.
  연결 동작·활동을 정교·유연·특별화 합니다.
  수행 조건, 성공 기준, 측정 방법 등을 설정하고 평가합니다.
- ○ 영상을 찍을 수 있으면 재생해 보면서 교정합니다.

역기책과업별 사례부터는
- ○ 각각의 목표, 성과지표, 성과측정계획, 투입·산출 정의,
  실행계획, 자원계획. 관리 절차·지표 등을 기술합니다.
- ○ 실제 수행할 수 있으면 결과를 만들고 평가까지 합니다.
- ○ 준비했던 직무 사례를 20가지 ariose 구성요소로 나누고,[1]
  각 요소를 바꿔 가며 다양한 문제 상황을 만들어, 우리에게
  요구되는 역기책과업 활동스태지 경험을 심화·확대합니다.

- ○ 재현 결과·계획/시나리오 결과들을 실제 전문가 수행 영상,
  작품, 절차서, 매뉴얼, 유사 실무 자료 등과 비교합니다.
- ○ 먼저 스스로 평가한 후 자문받습니다.
- ○ 모든 산출물을 차후 포트폴리오, 실무자료로 활용합니다.

[1] 20가지 ariose 구성요소, p.78

자기소개(서 작성)

1. 자기소개는 정직성 · 진정성이 기본입니다.

   심사자는 후보자의 좋은 점을 찾고 싶어 합니다.
   후보자를 떨어트려야 하는 현실을 더 좋아하지 않습니다.

   자기소개가 비슷비슷하면 심사자는 방어적인 상태가 됩니다.
   후보자의 강점 · 장점들을 비교하기 전에
   후보자 진술의 진 · 위부터 감정해야 하는 건 달갑지 않습니다.
   시간이 아깝구나, 10중 8 · 9는 지금 대놓고 거짓말하고 있구나,
   그러면서 천연덕스레 정직 · 성실한 척하고 있구나 생각이 듭니다.

   어려서 · 몰라서 · 중요해서 · 두려워서 · 남들도 그러니까
   안타까워하기도 · 신경을 끄기도 하지만,
   아무튼 더 면밀하게 · 까다롭게 · 박하게 심사하는 상태가 됩니다.
   후보자를 떨어트려야 하는 이유를 찾는 방식으로,
   가점을 주기보다 감점을 주는 방식으로 태세 전환합니다.

   신입 · 주니어 수준에서 역량 · 직능 차이는 커도 안 큽니다.
   조직에 한 방향 정렬 · align 시킬 때 다듬을 수 있습니다.
   역량 · 직능이 뛰어나다고 사내 교육을 빼서 실무에 투입하거나,
   지도 · 감독 · 관리 · 멘토링 없이 위임할 수 · 일도 없습니다.

자기소개가 모두 비슷비슷할 때는
정직성·진정성이 느껴지는 후보자가 군계일학입니다.
심각한 결함만 없다면,
그냥 이 후보자 뽑아 키우면 어떨까 기대감마저 듭니다.

기본이 갖추어진 후보자에게 다음으로 기대하는 건
2. 산업·직장·직무에 대한 이해입니다.
6가지 일의 매력에 대한 실상을 잘 아는 후보자는
오랜 시간 열심히 노력한, 선발 포지션에 적합한,
일할 준비가 된 후보자라는 생각이 듭니다.

3. 직능·역량, 창의성·전략성 등은 그다음 이야기입니다.
학교·전공·경력·자격 등은 직능·역량 검증 도구입니다.
대규모 공채에서는 면접 대상자 축소 및 객관성 담보용
서류 심사 항목으로도 활용됩니다.

4. 마지막 이야기는, 어떤 점이 얼마나 뾰족한가입니다.
최초·최고·최대·최다 장점을 비교하고,
조직문화·핵심가치·인재상·리더십 정합성을 고려합니다.

※ 직장·심사자마다 차이가 있을 수 있습니다. 참고 바랍니다.

자기소개의 시작은 '나는 누구인가'입니다.

정직하면서도 다른 후보자와 차별화되는 '나'는
사람 그대로의 사람인 '나'입니다.

1. 무슨 활동에 시간 가는 줄 모르고 푹 빠지는 사람,

2. 어떤 사람 · 사실 · 사리 · 사물에 흥미를 느끼고,
   민감하게 반응하며, 상호작용하기를 바라는 사람,

3. 어떤 사람 · 사실 · 사리 · 사물의
   무슨 모양 · 색깔 · 질 · 양 표현 · 변화에 자신을 발견하는 사람,

4. 누구의 어떤 결핍 해소 · 문제 해결에 관심 · 공감을 느끼는 사람,

5. 누구의 어떤 조건 · 요구를 이해하고 공유할 수 있는 사람,

6. 어떤 보답 · 성장을 얼마나 기대하는 사람인지를
   있는 그대로 요약하고, 구체적으로 적시합니다.
   (경제적 보상에 대한 기대는 근로계약서 쓸 때 얘기합니다.)

이 중 가장 강한 · 대표적인 특징으로
자기소개의 첫 마디 · 문장을 엽니다.

정직한 · 진정성 있는 자기소개에도 불구하고,
바라지 않았던 결과가 있을 때는
나를 원하지 않는구나, 나를 원하는 곳을 찾자! 하시기 바랍니다.

    우리가 직장 고르듯, 직장도 후보자를 고르는 건 안 이상합니다.
    직장이 나를 선택해도, 면접 느낌 안 맞으면 우리가 사양합니다.
    나를 꾸며 같이 일한들 서로 만족할 일 · 행복할 일 잘 없습니다.
    하루 종일, 1년 12달 가면 쓰고 일하면 얼굴에 트러블 생깁니다.
    가끔은 가면과 피부가 붙기도 합니다. 나를 잃어버리기도 합니다.

    절차 6. 직장 선택으로 예를 들면,
    세세목 내 직장 탐택 리스트 중 차순위 직장에 지원합니다.
    리스트 내 바로 앞 · 뒤 직장은 급여 차이 얼마 안 납니다.
    감수할 수 있을 만큼 폭넓게 선택지 활용하시기 바랍니다.
    그래도 여의치 않을 때는 다시 차순위 세세분류 산업,
    그래도 여의치 않을 때는 다시 차순위 세분류 산업을 탐택합니다.

간절한 포지션이라면 재도전해도 괜찮습니다.
도전 · 재도전 여부보다는 필요와 이유 유무가 더 중요합니다.
우리 자신과 희망 직장에 모두 충분한 필요와 이유가 있다면,
열 번 · 스무 번 다시 지원해도 괜찮습니다.

포트폴리오 · Portfolio

포트폴리오라는 말은
1. 주식 분산 투자 방법,
2. 금융자산 명세표,
3. 여러 장의 서류 · 그림 등을 끼워 놓은 서류철 등을
가리키는 말입니다.

취업에 대해 포트폴리오라는 말은
구직 · 창직 · 창업자가 스스로를 어필하는
이력서 · 자기소개서 · 인터뷰 · 발표 · 시연 등과 관련된
다양한 형태의 모든 증빙 · 설득 · 참고 자료를 가리킵니다.

포트폴리오의 필요성은 취업 과정 후반부에 등장하지만,
제출 기한에 즈음하여 금방 준비하기는 부담스럽습니다.

진로 탐색 〉 선택 〉 취업 준비 과정에서 얻는 정보를
일관성 있게, 지속적으로, 체계적으로
활동 산출물로 정리 · 요약 · 가공하고 포장 · 진열해 두면
더 매력적인 포트폴리오를 부담 없이 제시할 수 있습니다.

진로 탐색 활동을 통해 만들어지는 산출물들은
다음과 같은 유형의 포트폴리오로 활용될 수 있습니다.

1. 진로 (산업 · 직장 · 직무) 정의서/전망서
2. 진로 탐색 이력 · 경과 보고서 (~ 레퍼런스)
3. 진로 탐색 계획/결과 보고서
4. 직무 과제 · 주제 분석 보고서 (≒ 직무 기술서 ~ 직무 명세서)
5. 행동 지표
6. 역량 · 직능 사전
7. 직무 수행 절차서
8. 거시 환경 분석 (≒ 경쟁 환경 분석) 보고서
9. 내부 환경 분석 보고서
10. 고객 · 수요 · 시장 분석 보고서
11. 가치 체계 보고서
12. 전략 계획/결과 보고서
13. 사업 · 과제 · 업무 계획/결과 보고서
14. 산출물 정의서 (≒ 품질 정의서 ~ 품질 절차서 ~ 평가 계획서)
15. 성과 평가 (≒ 업적 평가) 계획/결과 보고서
16. 활동 · 과제별 수행 결과 및 산출물 등

자기개발(경력개발)

자기개발(경력개발)의 시작은 일머리입니다.

일머리라는 말은
어떤 일의 내용, 방법, 절차 따위의 중요한 줄거리라는 말입니다.

그런데 일머리가 있다는 말은
일을 왜 하는지, 일의 목적을 안다는 뜻으로도 쓰입니다.
어떤 일의 내용·방법·절차 따위의 중요한 줄거리는
일의 목적·일을 하는 이유 안에 대부분 들어가기 때문입니다.

목적은 정오 문제보다 호불호 또는 선호도 문제에 더 가깝습니다.
맞다 틀리다는 목표 문제에 더 가깝습니다.
목표는 이해·능력·개발의 문제가 되지만, 목적은 아닙니다.
그래서 목적을 이야기할 땐 서로의 눈을 바라보면서 해야 합니다.
서로 공유·감이 필요하기 때문입니다. 같이 공진·명해야 합니다.
공감할 수 없는 일을 (공유) 해야 하는 일은 덜 행복합니다.

몰라서 못 하는 일도 있지만,
공감하기 어려워 못 하는 일도 있습니다.
일머리가 없다는 말은 능력이 없다는 말과 같지 않습니다.
충분히 공감했는데 일머리가 언급될 때는 능력문제일 수 있습니다.

비(非) 공감 무(無) 공감하며 일을 찾·하·만들·주거나 하면,
일머리 잃기 쉬워집니다. 경력도 신입 되기 쉬워집니다.
처음부터 시시콜콜 설명 다시, 일 다시 해야 합니다.
성공은 어려워, 일탈이 더 쉬워집니다.

모든 일은 목적에서 시작되고 목적에서 끝납니다.
같은 일에 대해 계획서와 결과보고서는 첫 시작이 목적입니다.
목적이 계획서 다르고, 결과보고서 다르면 일 다시 해야 합니다.
목적이 중간에 달라져도 일 다시 해야 합니다.
"어? 이 산이 아닌데? 아니래? 아니래!" 됩니다.

잘 써진 목적에는 그 안에 목표·내용·방법·절차가 다 있습니다.
목표·내용·방법·절차 이해 없이는 목적이 잘 써지지도 않습니다.

진로 정의 10개 빈칸을 잘 채우고, 빈칸에 채워진 내용에 대해
배경·심화·확장 학습하면 자기·경력 개발이 더 쉽습니다.

산업·직장·직무가 우리와 유사하면 일의 목적이 잘 공유됩니다.
뭐 하나가 달라지면 일의 목적이 말처럼 금방 공유되지 않습니다.
결핍·문제·수요·고객·시장과, 해소·해결·충족·만족·확대가
다르게 인식될 수 있습니다.

리더십(조직 계발)

리더십은 조직 계발을 바탕으로 조직을 개발하는 힘입니다.
계발은 깨우쳐 연다, 개발은 유용·발전하게 만든다는 말입니다.

리더의 조직 계발이란 방향 제시·설득·내재화를 의미합니다.
리더십은 방향·목적 설정에서 시작됩니다.

ariose를 활용한 리더십·조직 계·개발 절차는 다음과 같습니다.

1. ariose 이해
2. 조직 최적화 모델링
3. 이상적인 상태 정의
4. 현재 상태 진단
5. 이상과 현재 사이 결핍 규명
6. 결핍 해소방식 도출
7. 자원 확보·할당
8. 결핍 해소
9. 격차 재확인, 검증
10. 이상적인 상태 재계발

일을 찾고, 하고, 만들고, 줄 때마다
일의 ariose 탐택을 점점 더 심화·확장시키면

 1. 선택지 이해,
 2. 선택지 비교,
 3. 진로 의사결정,
 4. 직능 개발,
 5. 역량 계발,
 6. 자소서·면접 준비,
 7. 채용·선발,
 8. 직무 할당·재배치,
 9. 역량 진단·개발,
10. 직무 수행,
11. 성과 평가·향상,
12. 직무 만족도 개선 등

자기·조직·사업 계·개틑 활동을 모두
일관성 있게, 지속적으로 발전시킬 수 있습니다.

리더십 역량 향상도 함께 도모할 수 있습니다.

비교과 활동

비교과 활동은 다양한 교과 활동 통합 활동입니다.

각 과목별 사실·개념·절차·원리가
교실 밖 실제 상황에서 기억·활용·발견되는지
마음·머리·몸을 움직여 보는
과목별·학제간 융복합·종합 문제해결 활동입니다.

예를 들어 비교과 활동 문제는 이렇게 표현될 수 있습니다.
(마음) 문제상황이 교육목적에 맞게(타당하게) 입력·해석되는가?
        문제해결에 적합한 맥락·관점의 안경을 잘 골라 쓰는가?
(머리) 장기·비작동 기억이 단기·작동 기억으로 잘 로딩되는가?
        타당하고 정확하며 신속하게 비교·선택·곱산되는가?
(몸)   곱산 결과가 병목·장애 없이 언행으로 출력되는가?
        언행에 일관·효율·가속성이 있는가? 자동화가 되는가?

교육 목적에[1] 맞는 문제상황이란
1a. 자아정체성을 확립하고 보호해야 할 때,
1b. 자신의 진로와 삶을 주도적으로 개척해야 할 때,

---

1) p.125, 교육부 고시 제2022-33호 [별책 1],
    초·중등학교 교육과정 총론, p.4~6

2a. 폭넓은 기초 능력이 요구될 때,
2b. 진취적으로 발상하고 도전해야 할 때,
2c. 새로운 가치를 창출해야 할 때,
3a. 여러 갈래에서 사물·현상의 근원과 가치를 파악해야 할 때,
3b. 사회 보편적이고 세련되며 아름답고 편리하게 움직여야 할 때,
3c. 더 사회 보편적이고 세련되며 아름답고 편리한 방식을
  제안·구현해야 할 때
4a. 서로 존중하는 태도를 견지해야 할 때,
4b. 인류 보편적 타당성을 갖춰야 할 때,
4c. 국민의 권력과 권리 행사를 지켜야 할 때,
4d. 개인의 행복 추구와 사회·국가 발전에 공헌해야 할 때,
4e. 서로 배려하고 나누며 협력하여, 공동체 구성원이
  소외·열외·누락되지 않아야 할 때라고 할 수 있습니다.

요약하면 자신의 본질적 특성을 살려, 창의·전략적이면서,
  인류 보편적이고 세련되며 아름답고 편리한 방식으로
  다른 사람의 결핍 해소를 통해 자기 결핍을 해소하는 일을
  찾거나 하거나 만들거나 줘야 할 때라고 할 수 있습니다.

더 줄이면 아름다운 일을 가름답게 해야 할 때라고 할 수 있습니다.
다양한 산업·직무의 문제 해결·결핍 해소 경험을 통해 가능합니다.

교양

비판이란
목적의 타당성, 목적에 대한 목표·방법·결과의 정합성·신뢰도·
효과·영향 등을 묻고 따지는 활동입니다.

목적·목표·방법이 다양한 경우,
목적·목표·방법들 각각의
우선순위·난이도·중요도·빈도 등을 묻고 따지는 활동입니다.

교양이란
목적·목표·방법들이 서로 부딪힐 때 설득·조정하는 활동입니다.

목적·목표·방법들을
인류 보편적이고·세련되고·아름다우며·편리한 방식으로 설득하고,

울고·우기고·울리는 것보다 더 울림 있는 방식으로
공동체에 소외·열외·누락 없는 방향으로 조정하는 활동입니다.

능력이라고 할 수도 있지만, 안 보이는 능력은 없는 것과 같습니다.
차이를 말할 수가 없습니다.

교양은 인간의 결핍·해소 방식 이해에서 시작되면 좋습니다.

교양머리 없는 사람이란
다른 사람의 결핍을 키우거나 이용하는 사람이라고 할 수 있습니다.
다른 사람의 결핍을 자기 결핍 해소 넘어 욕구망심 충족에 이용하면
인정머리 없는 사람 됩니다. 인정받기가 점점 힘들어집니다.

우리가 정 주고 마음 주고 사랑도 줬지만
받는 사람이 못 살겠다·죽겠다고 하면
얄미운 마음이 들어도 일간은 멈추는 게 더 좋습니다.

필요하다면 사과하고, 잘못을 나열한 후, 이유와 과정을 설명하고,
재발 방지와 세부 실천 계획을 약속하며 책임지는 게 더 좋습니다.

교양은
우리의 결핍이 행여 욕구망심이 아닌지 모집단과 비교하고,
결핍 아닌 욕구망심 위에 자리를 펴고 누워도 되는지·
그럴 만한 여유 공간·자윈이 결핍과 결핍 사이에 있는지
때와 장소를 가리며, 갈등을 해소하는 활동이라고 할 수 있습니다.

교양 있게 산다는 말은 목적을 갖고 산다는 말입니다.

목적 없는 삶도 나쁜 삶, 열등한 삶 아닙니다.
다만, 목적 없는 삶이 없다는 말입니다.

목적을 지각하고 방향을 유지하는 삶과
목적을 깜빡하고 방향이 자주 변하는 삶이 있다는 말입니다.

1순위 목적은 더 (잘) 사는 것입니다.
2순위 목적은 우리의 결핍 해소입니다.
3순위 목적은 타인의 결핍 해소입니다.

1순위 목표는 타인의 결핍 특정입니다.
2순위 목표는 타인의 결핍 해소입니다.
3순위 목표는 우리의 결핍 해소입니다.

타인의 결핍 해소와 우리의 결핍 해소가 양립하지 않는 일은
비극적인 일입니다. 빌미를 주면 안 되는 일입니다.
늘 주의하고, 조심하고, 예측하고, 대비해야 할 일입니다.
그리고 간절히 소망해야 하는 일입니다.

시민은 8~10획, 서민은 5~11획입니다.
시민에 점 하나 더 찍으면 서민 됩니다.
서 밑에 점을 조금 길게 두 번 더 찍으면 선민 됩니다.

시민의식에 점 하나 더 쯔는 일,
서민의식의 시민의식화가 교양 학습·교육이라고 할 수 있습니다.

교양은 시민의식과 결이 같았습니다.
사회가 산업화될 때는 그랬습니다.
사회가 지식화될 때는 교양이 서민의식 되면 더 좋습니다.

서민의식이 선민의식 되든 더 좋습니다.

선(選)이란
선택받았다, 용도·가치·쓸데를 인정받았다는 말입니다.
타인의 결핍 해소에 이로움을 주는 의로움을 갖도록 부름 받았다,
이를테면, 홍익인간(弘益人間)의 소명(召命)을 받았다는 말입니다.

책임은 없고 권한만 가진 선(選)민은 오타 같습니다.
선(選)민은 책임을 항구하는 사람인데 오해가 있는 것 같습니다.
책임을 계속 의식하는 사상이 선민 의식·사상인 것 같습니다.
선(選)민은 선(善)민과 거의 같은 말 같습니다.

믿음

우리가 누굴 믿는다면
선택이 닮아야 합니다.

우리 선택은 다르지만
나는 당신을 믿는다고 고백해도
당신도 나를 믿으라고 간청해도
소용이 없고 아무것도 아닙니다.

선택이 닮을 때까지는
그분이 우리를 안 믿어도
우리를 선택하지 않아도
할 말이 없습니다.

전체·공산·사회주의 얘기가 아닙니다.
자유·시장·민주주의 사정도 같습니다.
강요와 폭력만 있느냐,
선택과 책임만 있느냐 그 정도 다릅니다.

우리 앞에서 사랑을 말하지만,
다른 사람에게만 웃고
다른 사람을 더 친애하는 사람은
우리를 싫어하는·슬프게 하는·
믿음을 주기 힘든 사람입니다.

우리가 싫어도 그렇게 싫어해하는 건
너무 가슴 아픈 일입니다

사랑하면 사랑할수록 더 그렇습니다.

선택을 잘 보면 마음이 보입니다.
믿는 마음도 그렇습니다.

선택지 · 대체제가 아무리 많아도,
한 번 선택된 사람 · 대상은
우리 · 우리 것이 됩니다.
선택의 무게만큼 특별하게 아껴야 합니다.
시간이 지나 헤어져 · 버리더라도
더 이상 예의 그 아무개 · 나 · 것이 아닙니다.
사람에 대해서는 특히 더 그렇습니다.

연인을 대하는 태도와
친구를 대하는 태도가 비슷하면 비슷할수록
너는 사랑을 아직 몰라, 조금 더 기다려,
어떻게 사랑이 변하냐는 말 듣기가 더 쉬워집니다.
연애하기, 사랑 받기가 더 힘들어집니다.
선택 목적 경험하기가 더 힘들어집니다.

우리가 비교를 잘 못해
잘못된 선택을 바꿀 때 발생하는
모든 과실 책임은 우리 몫입니다.

매몰비용 · 놓쳐 버린 기회비용 · 새로운 선택 비용에
우리와 그분의 비용까지 사실, 책임이 여섯 배입니다.

선택이 확실해 보여도, 영원할 것 같아도,
선택한 분이 선택 목적을 경험할 때까지
선택받은 분은 선택받지 못한 분과 큰 차이가 없습니다.

선택한 분이 선택 목적을 경험하지 못하면
과실 책임을 감수하더라도 선택을 뒤집을 수 있습니다.

책임질 여력이 없을 때는 스스로 자리를 비울 때까지
선택받은 분에게 더는 따뜻하지 않을 수가 있습니다.
사랑은 움직이는 거라고 말할 수도 있습니다.

선택받은 분에게 잘못이 없어도,
선택한 분의 에너지가 소진되면 그냥 중력이 약해집니다.

선택은 바뀔 수도, 깨질 수도, 버려질 수도 있습니다.

선택받지 못한 분은 선택받을 때까지
역량을 키우고 기회를 만들며 차례를 기다리면 좋습니다.
마음·머리·몸이 자기 책임과 한 방향 정렬되어 있는 분,
그런 능력이 더 많은 분을 찾아 미리 골라 두면 좋습니다.
선택 (안) 될 줄로만 알고 마음·머리·몸을 내려놓으면,
방향 없이 움직이면, 결핍 해소만 점점 더 힘들어집니다.

취업상담

얼마나 세상이 넓고 할 일이 많은지
밤하늘 별만큼 헤아릴 수가 없습니다.

그 일들과, 그 환경과, 그 변화와
각각에 대한 정보를 헤아릴 수가 없습니다.

앞 개울 어종은 얼마 안 됩니다.
뭘 먹고 싶은지 묻기도 쉽고, 잡아 주기도 가능합니다.

산업과 직무는 너무 많습니다.
뭘 하고 싶은지 묻기도 어렵고, 성공을 장담하기도 어렵습니다.

잡는 법, 먹는 법, 양식하는 법, 나눠 주는 법 정도
공유해 드릴 수 있습니다.

누구에게 속거나 오해·상처 받지 않는,
누군가를 속이거나 오해·상처 주지 않아도 되는
능력 향상에 기댈 밖에는 다른 언덕이 없습니다.

선택지 추천보다 선택 방법 공유가
더 유익할 수 있습니다.

취업 성공률과 취업률은 다릅니다.

취업 성공이란
취업 후 3년 내외의
역할과 책임 성장입니다.

승진·발탁 등이 안 되거나,
산업·직무 유지 등이 안 되면
취업에 성공했다고 말하기 어렵습니다.

취업 성공률은
그해 취업률 빼기
3년 후 산업·직무 전환율 같은 느낌입니다.

3년 후 유가(油價)·환가(換價)·물가(物價)도 불확실합니다.
공백의 3년을 혼자 스스로 이겨 내야 합니다.

우리 에너지는 단 한 번 하얗게 타고 나면 다시 타지 않습니다.
아꼈던 모든 것이 시간 속으로 사라집니다.
재와 결핍과 책임과 그리움만 남습니다.

취업 지원 시스템

취업 지원 시스템은
진로 의사결정 개별화 지원 시스템입니다.

진로 목적 정의 활동,
진로 목표 탐색 · 결정 활동,
전략 목표 설정 및 성과 측정 활동,
이행 계획 수립 및 관리 활동,
자원 탐색 · 할당 · 관리 활동 등이 포함되면 좋습니다.

선택지와 기준에 대한
정보 탐색 · 가공 활동,
진로 목표 정의 활동,
진로 정의와 선택지 비교 활동 등이 지원되면 좋습니다.

산업 · 직장 · 직무별
환경 · 고객의 산출물 · 효과 · 영향 요구,
산출별 활동 요구,
환경 · 투입의 한계와 제약,
보답의 질 · 양 산정 · 평가 정보를
직접 조리 · 가공할 수 있으면 좋습니다.
전자레인지에 3분 돌려 먹을 수 있으면 더 좋습니다.
모든 정보가 핑거푸드 크기로 조리되어 있으면 더 좋습니다.

직무별 과제·주제·역량 분석 정보가 있으면 좋습니다.

이를 바탕으로
동작 ∈ 활동 ∈ 업무 ∈ 과제·책무 ∈ 기능·역할별
　직간접적 경험 활동 제시,
　실행 계획 수립,
　자원 탐색·할당·관리,
　성과 평가,
　산출물 관리 및 포트폴리오화 기능이 있으면 좋습니다.

동일 직무·과제·주제·역량이 대해서도
창의·전략적 재(분석·정의·구성·생산) 활동이 지원되면 좋습니다.

이 모든 기능이
초·중·고·대·취·창
단절 없이 통합적으로 제공되면 더 좋습니다.

이 모든 비용이
중복·누락 없이 관리되고
값싸게·공짜로 제공되면 더 좋습니다.

보상과 혜택

보답은 활동 원가와, 활동을 통해 창출된 가치·이익의 합입니다.
    땀 흘려 마음·머리·몸을 움직인 수고에 대한 반작용입니다.

    경제·사회·인간적 결핍해소, 성장, 사랑의 밧데리입니다.
        경제적 성장(economic·financial)   / 존재 욕구[1]
        사회적 성장(reputational)   / 관계 욕구
        인간적 성장(goal experiential)   / 성장 욕구

활동 원가는 거의 기본권에 속하는 개념입니다.
사회적 인간으로서 반드시 해소해야 하는 결핍해소 비용입니다.
경제적 활동 원가는 중위소득·최저임금 등을 통해 알 수 있습니다.
최저결핍해소비·기본급이라고 불러도 손색이 없습니다.
고정급으로 분류해도 이상하지 않습니다.

활동 원가가 기본·고정급이라면,
활동 이익은 성과·변동급입니다.
활동 이익은 개인·조직이 모두
서로의 성과·성공 방정식에 대한 탁월함·신뢰도,
이익 분배금·식·율, 전체 보답 구성 체계 등의 정보를 바탕으로
서로 설득하고 상호 협의할 수 있습니다.

---

[1] ERG(욕구)이론, 앨더퍼(C.Alderfer)

경제적 보답은 만족요인보다 위생요인에 가깝습니다.
일정 수준에 미달하면 불만족 증가량이 증가하고,
일정 수준을 초과하면 만족감 증가량이 감소합니다.

경제적 보답은 생산성 면에서도 위생요인과 비슷한 기능을 합니다.
개인 차원의 생산성 향상에는 한계가 있습니다.
개인 역량을 일정 수준 이상 초과하면
보답이 증가해도 성과가 기대만큼 일률적으로 증가하지 않습니다.

개인 역량을 초과하는 성과 목표는 일을 탈선시킵니다.
정상적인 활동으로 달성할 수 없는 성과 목표는
비범한 활동이나 비정상적 활동을 부릅니다.
보통 비범한 활동보다 비정상적 활동이 더 쉽습니다.
그래서 일을 하는 분과 그분 직장의 아름다움까지 탈선시킵니다.

개인 역량의 한계는 조직·사회·국가적 역량으로 극복 가능합니다.
조직·사회·국가 차원에서 극복하지 못하면 그 지점은 극한입니다.
그때는 천재적인·비범한 활동만이 극한 정리의 희망이 됩니다.
천재육성기회는 경제적 보답보다 사회·인간적 보답에 더 많습니다.
아름다운 일에서만 느낄 수 있는 비재무적 결핍 해소 매력,
몰입·성장·흥미·자신감 만족·공감/공유 매력에 더 많습니다.
사회·인간적 보답은 친환경·신재생 에너지 급입니다.

다음은 미혼 · 신입사원 기준,
월 최저결핍해소비(인당 활동 원가 ~ 기본급) 산출 예시입니다.
2025년 1월, 개인적으로 추산한 대략적인 산출 방식 · 결과입니다.

난방비: 1만,
수도비: 1만,
통신비: 10만,
전기세: 15만,
의료비: 15만(암 전액보장보험비 등 전용 항목),
의복비: 15만(떡볶이 코트(long) 1피스, 대형 마트 수준),
주거비: 50만(33㎡+(33×1.5×n), n: 직급, 신입·미혼: n=0)),
교통비: 50만(5만/회, 10회/월, 1,200km/회, 톨게이트 2회, 주차),
식비 :   90만(1만/식, 3식/일, 31일, 3인 기준 270만),
교육비: 100만(대학교 학비, 경조사비·자녀 교육비 전용 항목),
총액 :   1인 기준, 세후 약 350만 원, 세전 약 400만 원
           4인 기준, 세후 약 620만 원, 세전 약 770만 원

2025년도 1인 기준 중위소득은 세전 약 240만 원입니다.
　인당 최저결핍해소비, 세전 400만 원은 약 167% 수준입니다.
2025년도 4인 기준 중위소득은 세전 약 610만 원입니다.
　4인당 최저결핍해소비, 세전 770만 원은 약 130% 수준입니다.

월 최저결핍해소비 산출 역시가 너무 많아 보일 수 있습니다.
그래도 조직 구성원의 성장 기대에 부응하는 수준에는 모자랍니다.
  개인 청결, 미용, 간식, 자기계/개발 · 취미 · 종교, 차량 임대/구입,
  기타 가전/생활용품구입 등에 전용 가능성 조금 있는 정도입니다.
  중복 · 중증 · 가족 질환, 노후 준비 등은 없는 수준입니다.

2025년 최저시급은 1단, 일급은 8만, 월급은 210만 원입니다.
  인당 최저결핍해소비, 세전 400만 원의 약 52% 수준입니다.
  자고, 먹고, 입고, 인터넷하고, 아플 때 약국 갈 정도입니다.
  안경 · 렌즈 · 보청기 · 목발 · 휠체어 · 보철 · 가발 등을 맞추는 일,
  누구를 만나거나 · 축하하거나 · 어디를 돌아다니거나 ·
  자기 계/개발하거나 · 가족 생계에 손을 보태는 일도 어렵고,
  중증 질환 치료, 결혼 · 자녀 양육은 포기해야 하는 수준입니다.

  근 미래의 불안 · 결핍 해소, 성장에 대한 기대, 어렵습니다.
  정치 · 경제 · 사회 · 기술적 어젠다에 대한 참여, 장려, 힘듭니다.

최저결핍해소비란 협의의 여지를 찾기 어려운 문제입니다. 그래서,
급여 고리 최적화보다 성과 사슬 최적화가 더 유망해 보입니다.
몰입 · 사회/인간적 성장 · 흥미 · 자신감 · 만족 · 공감/공유 매력을
증가시키는 활동에 아직 기회가 남아 있습니다.

정의(正義)

정의 · 正義 · Justice란 바름과 옳음입니다.
   바르다는 말은 비뚤어지거나 굽은 데 없이 곧거나 반듯하다,
                  규범 · 도리에 맞다, 흐트러짐이 없다,
                  거짓 · 속임이 없다는 말입니다.
   옳다는 말은   어떤 기준에 비추어 볼 때 어긋남이 없다,
                  제대로 되어 흠잡을 데가 없다,
                  사실과 어긋남이 없다, 더 낫다는 말입니다.
바름과 옳음 속에는 상대적인 성질이 있습니다.
규범 · 도리 · 기준 · 사실 등과 비교해야만 의미가 잘 드러납니다.
정의(正義)를 정의(定義)하려면 곧음 · 반듯함, 규범 · 도리 · 기준 등 또 다른 정의(定義)의 자(ruler), 관념의 날줄 · 씨줄이 필요합니다.

정의(正義)는 참 · 거짓을 증명하기 어렵습니다. 공리 닮았습니다.
   공리는 주로 수학 · 논리학 등에서 쓰는 말입니다.
        더 이상 증명할 수 없는 명제라고 합니다.
   명제는 참 · 거짓을 구분할 수 있는 문장이라고 합니다.
   문장은 글 ∈ 문자 ∈ 말 ≒ 생각에서 나옵니다.
   명제는 참 · 거짓을 구분할 수 있는 생각인데,
   공리는 더 이상 참 · 거짓을 증명하기 어려운 생각 같습니다.
   수학 없는 과학 없고, 논리 없는 학문 없습니다.
   세상은 진위(眞僞)를 밝히기 어려운 모양새 같습니다.

정오(正誤)를 밝히는 방법에는 2가지가 있습니다.
바름을 증명하거나, 그름을 증명하는 방법입니다.
그름을 증명하는 일이 조금 더 쉽습니다.
반례(反例, counterexample)를 하나만 찾으면 됩니다.
그런데, 반례 다르고 예외(例外, exception) 다릅니다.
예외는 보편적이지 않은 특별한 경우라는 말입니다.
현실에는 예외를 둔 바름과 옳음도 많은 것 같습니다.

우리는 결핍 해소 거래 문화를 발전시키고 있습니다.
우리 자신의 욕구망심 충족을 위해
다른 사람의 결핍 해소에 도움이 안 되는·
오히려 방해하기도 하는 재화가 생산·판매되는 문화,
그렇게 자원이 낭비되고 환경이 오염되면서
화폐가 수집되는 일도 좋아요 표 받는 문화,
그런 일도 성공의 범주에 들어가는 문화는
우리가 지향하는 바름·옳음과 결이 다릅니다.

바름·옳음·그름, 존재의 유무 판단 등은 어려운 일입니다.
앞으로 시간이 얼마나 더 걸릴지 가늠하기 어려운 일입니다.
"OOO이 없는 이유·증거" 같은 말은 아직 이릅니다.
"OOO에 대한 새로운 사실, 의미와 한계" 등이 더 어울립니다.

선물

생일이 좋은 여러 가지 이유 중에
빠지면 섭섭한 이유는 선물입니다.
선물이 좋은 여러 가지 이유 중에
빠지면 섭섭한 이유는 나눔입니다.

선물은 '너 거기 있고, 나 여기 있지' 하는 말입니다.
앞으로도 기쁨을 함께 나누자는 말입니다.
그리고 그 포장지 속에는
슬픔도 함께 나누자는 뜻이 들어 있습니다.
'아프냐, 나도 아프다'는 말입니다.

선물 없는 슬픔 나눔은 있어도,
슬픔 나눔 없는 선물은 잘 없습니다.
그래서 내가 나에게 주는 선물보다
남이 주는 선물이 네 배 더 기쁩니다.

우리가 80억 명과 선물을 나누면 320억 배의 기쁨을,
만약에 80억 명이 선물을 연쇄적으로 나누는 가치 사슬이 완성되면
천문학적 규모의 기쁨을 느낄 수도 있겠습니다.

다른 사람 결핍 해소와
우리 자신 결핍 해소의 일치는

   엔트로피 가득한 세상에 내리는
   한 줄기 빛과 같은 선물입니다.

비유하자면,
원죄를 짓고 에덴동산에서 쫓겨 난 사람들이
원죄를 씻고 에덴동산으로 다시 돌아가는 길 같습니다.

가족 단위 사회에서 우리끼리만 비정형적으로 나누던 행태가
지구 단위 사회에서 점점 정형적인 형태로 체계화·체제화된
사랑의 일반화·산업화 패러다임 같습니다.

결핍 해소가 거래되는 아름다운 순간은
미시적인 선물로 거시적인 기쁨을 빅뱅시키는 특이점 같습니다.

누가 의도한 건지, 누가 시작한 건지는 몰라도
인류가 이 어려운 일을 하고 있습니다.

요약

인사   두려워하지, 걱정하지 않는 일 더 많으시길 빕니다.
            방향·거리·시간을 재며 마음·머리·몸을 쓰는 일,
            일의 아름다움을 느끼는 일 더 많으시길 빕니다.

행복   결핍을 매는 일,
            결핍을 바라보는 일,
            결핍을 해소하는 일,
            결핍을 해소하며 성장하는 일,
            결핍을 먼저 해소하는 일,
            결핍을 많이 해소하는 일,
            결핍을 다른 분들과 함께 해소하는 일,
            결핍을 해소하는 사람·사물·사실·사리를 아끼는 일,
            결핍을 총체적·유기적·체제적으로 해소하는 일,
            삶·행복이 단순해·쉬워지는 일 더 많으시길 빕니다.

진로   진로는 사는 방향입니다.
산다   삶은 움직임, 진로는 움직임의 방향입니다.
움직인다   움직임은 결핍해소, 진로는 결핍해소 방향입니다.
결핍   결핍을 잘 고르면 진로를 잘 고를 수 있습니다.

방향	해피에는 엔딩이 없습니다. 반복 경험만 있습니다.
거리	결핍이 해소되지 않으면 행복이 반복되지 않습니다.
시간	행복은 타인의 결핍 해소 시간과
3M	마음·머리·몸 사용의 질·양에 비례합니다.

일	일은 타인의 결핍 해소 활동입니다.
타인의 결핍	우리는 자급자족에서 타급자족으로 발전해왔습니다.
	정의(正義)란 자극타족하면 타급자족된다는 뜻입니다.
특별한 역할	전문성이란 타인을 아끼는 데의 특별함이란 말입니다.
책임	취업이란 결핍을 해소하는 사람·사물·사실·사리의 결핍 해소 연속에 대한 책임을 맡는다는 말입니다.

ariose	일은 그 선율이 아름다워야 성립됩니다.
아름답다	일의 과정이 아름다우면 결과도 더 아름다워집니다.
	그렇게 일하는 사람도 더 아름다워집니다.
사랑한다	결핍이 해소된다, 결핍을 해소한다는 말은 사랑한다는 말입니다.
	진로를 찾는다는 말은 사랑을 찾는다는 말입니다.

선택한다	진로 선택은 일찍 시작될수록 좋습니다.
	선택에도, 입직 준비에도 많은 시간이 요구됩니다.
자기 선택	그렇더라도 자기 선택이 필요합니다.
	비(非) 자기 선택은 책임을 더 무겁게 만듭니다.
비교한다	진로 선택은 매우 높은 수준의 인지 능력·활동을 요구합니다. 그래서 어렵고 힘들고 오래 걸립니다.
선택지	선택지를 이유·자발적 동의 없이 줄이면 폭력입니다.
가치	가치 판단의 기준은 주·主 쓸모, 보·補 가격입니다.
기준	기준은 가치(쓸모)가 목적(쓸데)에 맞을 때 성립됩니다.
창의적	창의는 선택지·기준에 대한 열린 마음에서 나옵니다.
전략적	전략은 생명·삶을 알뜰히 아끼는 마음에서 나옵니다.
일의 가치	일의 가치는 그 선율이 아름다울 때 최대가 됩니다.
	가장 아름다울 때 성과·채용 만족도 최대가 됩니다.
활동	활동 시간이 짧게 느껴질수록 일이 더 아름답습니다.
보답	보답과 성장이 기대될수록 일이 더 아름답습니다.
투입	4물리실람이 매력적일수록 일이 더 아름답습니다.
산출	自身·自新·自信이 많을수록 일이 더 아름답습니다.
만족	타인의 결핍 해소가 기쁠수록 일이 더 아름답습니다.
환경	요구·조건이 공감·공유될수록 일이 더 아름답습니다.

진로 탐색	진로 탐색은 산업×직무 정보 탐색 활동입니다.
진로 탐택	산업부터 직무까지 10단계 선택이 가장 전략적입니다.
	산업·직업 국가표준분류를 활용합니다.
정보 탐색	여유가 없으면 간접경험, 있으면 직접경험합니다.
	타당성과 신뢰성을 자주 물어보고 검증합니다.
	우리 의도와 다르게 가공된 정보,
	중복·누락된 정보들이 있습니다. 주의가 필요합니다.
산출물 1	산업부터 직무까지 10번의 선택을 각각 정의합니다.
	ariose 한 문장으로 정의 가능합니다. 정교화합니다.
산출물 2	10번의 선택 이유·기준을 정의합니다. 같아도 됩니다.
	우리 자신, 투자자, 평가자에게 설득력 있어야 합니다.
창직·창업	아름다움이 느껴지는 10개의 항목을 각각 완성하여,
	ariose 한 문장을 구성하면 매력적인 제안이 됩니다.
산업 탐택	산업을 대 〉중 〉소 〉세 〉세세 분류별 탐택합니다.
내용·방법	직무 선택 못지않게 산업 선택도 중요합니다.
개성	직장은 침대, 개성은 다리와 같습니다.
직무 탐택	직장 〉사업부 〉팀 〉파트 〉직무 〉직능·역량 순서로
	산업 Top Player, 직장 문화·전략, 전공지식을 참고해
	직무를 탐택하고, 입직준비·경력개발에 반영합니다.

先직무탐택	직업은 '유사 직무 묶음'입니다. 직무까지 탐택합니다.
직능 수준	취직 vs 진학을 비교할 때는 직능 수준을 고려합니다.
내재화	진로 탐택 절차별 산출물(정의·기준)을 누적 관리하고, 선택의 일관성·오류를 보완하며, 자기질문을 반복합니다.

생애진로탐택	진로탐택은 빠를수록 더 유익합니다.
Top Down	유·초·중·고·대·취·창, 생애단계마다 산업·직무를 체계적·단계적으로 좁힙니다.
진로목표정의	선택지 정의와 별도의 진로 정의를 수립·관리합니다.
TD·BU	TD는 단점도 있고, 처음엔 불편해도 유용합니다.
Bottom Up	일상생활·교과학습을 진로탐택과 연계합니다. 진로가 선택되면 관련 경험·학습 비중을 늘립니다.

유아기	결핍 해소의 필요·만족을 배웁니다.
초등학생기	output, 그 안의 自身·自新·自信을 발견합니다.
중학생기	input을 이해하고 매력적인 input·활동을 식별합니다.
고등학생기	input을 아끼며 알뜰하게 곱치는 활동을 배웁니다.
대학생기	다양한 요구·조건의 이해·공감·공유 여부, 산출·효과·영향의 성과 평가 방법을 배웁니다.
취직준비기	생활과 성장에 필요한 보답의 모양·질·양을 배웁니다.
창직·업기	특정 결핍 해소 활동의 아름다움 최적화를 배웁니다.

성찰 · 일기	매일, 가장 매력적이었던 ariose를 골라 성찰하며 이상적인 ariose 한 진로 정의를 계속 갱신시킵니다.
공부 · 학업	방향을 정하는, 거리를 좁히는, 시간을 줄이는 공부 중 방향을 정하는 공부가 가장 중요합니다.
자기주도학습	교과내용을 관련 결핍 사례에 대입 · 이해 · 응용하며 가장 이상적인 결핍 해소 사례를 만듭니다.
견학 · 체험	ariose를 바탕으로 견학 · 체험 활동 리스트를 만들고, 간접 경험 선행학습 후 직접 경험만 깊이 추진합니다.
질문 · 인터뷰	질문을 줄이고 좁히면 응답의 질 · 양이 증가합니다. 시간이 제한적일수록 질문을 미리 뾰족하게 깎습니다.
가치체계	ariose 한 진로 정의에는 가치체계 기능이 있습니다. 방향에 힘을 싣고 유지하고 싶을 때 활용합니다.
취업준비	취업은 장기적 · 전략적으로 일관성있게 준비합니다. 방향에 안 맞는 경제적 결핍은 전술적으로 해소합니다.
자기소개	우리 자신을 있는 그대로 솔직 · 소탈하게 소개합니다. 우리 모습을 억지로 숨기며 하는 일은 덜 행복합니다.
포트폴리오	진로탐색과정을 포트폴리오 준비 과정과 align 합니다. 진로탐색과정의 모든 산출물을 그때그때 상품화합니다.
자기개발	자기개발의 시즌은 일머리, 목적 공감에서 시작됩니다. 목적 안에 목표 · 내용 · 방법 · 절차가 모두 포함됩니다. 능력 · 경력이란 목적 경험 능력 · 이력의 줄임말입니다.

리더십	ariose 구현 과정에서 조직이 계발·개발됩니다.
	진로 탐택 과정이 ariose하면 리더십도 개발됩니다.
비교과 활동	실제 산업·직무 문제해결, 결핍해소 경험을 통해
	다양한 교과 활동 통합 문제해결 능력을 키웁니다.
교양	목적 없는 삶은 없습니다. 목적은 결핍 해소입니다.
	타인과 자신의 결핍 해소 설득·조정이 교양입니다.
믿음	믿음은 서로의 선택이 닮았을 때만 작동합니다.
	선택은 선택 목적 경험까지만 유효합니다.
	목적과 선택은 타인·직장·이해관계자의 결핍 해소가
	우리 결핍 해소가 되는·사랑하는 관계 안에 있습니다.
취업상담	진로는 타인이 정해주거나, 보장해 주기 어렵습니다.
	취업성공은 입직 후 역할과 책임의 성장입니다.
	취업성공 여부는 입직 후에, 산업·직무 경험 후에야
	비로소 알게 됩니다. 최대한 미리 경험·판단합니다.
취업지원 시스템	취업지원시스템이란 진로 의사결정 지원 시스템입니다.
	선택지·기준의 매력 경험 정보 통합 시스템입니다.

보상과 혜택	보상은 활동원가·기본급·현상유지비용,
	혜택은 활동이익·수당·미래성장비용과 대응됩니다.
	C&B가 보여줄 수 있는 성과 향상은 아주 작습니다.
	비재무적 성과 보상·향상 활동을 더 활용합니다.

정의(正義)	바름·옳음은 상대적 개념입니다. 기준이 필요합니다. 타인의 결핍해소를 통한 우리 결핍해소가 기준입니다. 자급자족 이후 모든 주류 활동이 이 한 점에 있습니다.
선물	내가 내게 주는 것보다 남에게 받는 선물이 더 기쁩니다. 그 안에는 기쁨 공유, 슬픔 나눔이 들어 있습니다.

다 먹고 살자고 하는 일입니다.
다 행복해지기 위해서 하는 일입니다.
일을 찾·하·만드·주는 시간도 더
즐겁고 행복하시길 빕니다.

고맙습니다.

진 로 탐 색
아름다운 일
ariose work

ⓒ 베스컨설팅, 2025

초판 1쇄 발행 2025년 6월 16일

지은이	베스컨설팅
펴낸이	이기봉
편집	좋은땅 편집팀
펴낸곳	도서출판 좋은땅
주소	서울특별시 마포구 양화로12길 26 지월드빌딩 (서교동 395-7)
전화	02)374-8616~7
팩스	02)374-8614
이메일	gworldbook@naver.com
홈페이지	www.g-world.co.kr

ISBN 979-11-388-4354-6 (03810)

- 가격은 뒤표지에 있습니다.
- 이 책은 저작권법에 의하여 보호를 받는 저작물이므로 무단 전재와 복제를 금합니다.
- 파본은 구입하신 서점에서 교환해 드립니다.